相続のお守り

株式会社 フロンティアグループ
代表取締役
金子 嘉徳
司法書士
平野 克典

SOGO HOREI PUBLISHING CO., LTD

はじめに

本書のタイトルは、『相続のお守り』です。

少し変わった書名かもしれません。

「そろそろ自分が亡くなった後のことを考えないとな……」

少しずつ、自分の財産を子どもに託す日のことを考え始めた、親の立場。

「親父が亡くなった後、実家はどうすればいいんだろう」

親がいなくなった後の遺産処理に心配を感じ始めた、子どもの立場。

どちらの場合も、大切なのは早めの準備。このひと言につきます。

そうかといって、相続や相続税について、専門家のように詳しくなる必要はないと思います。実際、相続が発生したときに、すべて自分で手続きをするという人は少数派です。もちろん費用はかかりますが、弁護士や司法書士、税理士といった専門家に頼む方がスムーズで安心です。

ただし、実際に相続が発生してから考えるのと、あらかじめ全体像を知っておくのとでは、結果が大きく異なります。

相続が発生するということは、家族が亡くなるということです。詳しくは本文でお話ししますが、「相続放棄」といって、借金などのマイナスの財産が多い場合、相続を放棄するための手続きは、相続発生を知ってから3カ月以内までです。大切な家族を失った悲しみを癒す間もなく、事務処理を進めていかなければいけません。

さらに、遺産をどのように分けるかを巡って親族同士が争う、いわゆる「争族」になってしまうことも少なくありません。やはり、お金が絡むことなので、どうしても感情的になりがちです。こうしたことも、事前に話し合っておけば、最小限にすませることができるはずです。

何より、税金面です。相続税や贈与税は、生前からの準備や手続きによって大きく節税できます。これも、知らなければできないことです。様々な控除や特例は、自ら申告しないと、適用されないことが多いのです。気づいていれば、本来払わなくてよかったのに、多額の税金を払わなくてはいけなくなるかもしれません。

本書は、そうした理由から早めに準備を進めるための本、「転ばぬ先の杖」として、将来に安心感を持っていただくために企画しました。その意味で「お守り」という言葉を使っています。

実際に相続が発生した場合だけでなく、生前にどんな準備ができるかをわかりやすく説明することで、多くの読者の皆様に役立つ内容にしています。遺言だけでなく、成年後見制度、家族信託といった生前の財産管理の方法も含めて、財産をどのように引き継げばいいのかがイメージできるようになるはずです。

また、相続の中でも不動産についての内容を充実させてあります。なぜなら、相続財産に占める不動産の割合は多く、また物理的に分けられないという点から、不動産の相続をめぐってトラブルになりがちだからです。
こうした読者の皆様の多くが抱えるであろう不安や問題を解決するために、本書は、法律のプロである司法書士と、不動産のプロである不動産業経営者の共著としました。また、「お守り本」なので、神様が登場します。知っておきたい豆知識や注意点を教えてくれます。

相続の形は、家族それぞれです。1つとして同じものはありません。まさに、オーダーメイドの相続対策が必要です。いずれ、必ず向き合わなければいけない相続。そのときにどのようにすればいいか。本書を通して、自分なりの相続の形を考えてもらうことができれば、著者としてこんなにうれしいことはありません。

相続のお守り　目次

第2章 知らなきゃ損する節税対策

第4章　遺言書で意思通りの相続を

第5章　成年後見制度で認知症から財産を守る

第6章 家族信託で理想の相続を実現

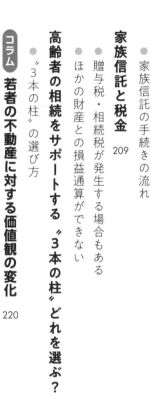

本文●杉原由花（POWER NEWS Co., Ltd.）／装丁●小松学（ZUGA）
本文デザイン●飯富杏奈（Dogs Inc.）／ＤＴＰ・図表●横内俊彦／校正●矢島規男

第1章

相続のキホン

なぜ、いま相続を考えなければいけないのか

相続は誰にでもやってくる

相続とは、亡くなった人の財産を受け継ぐこと。誰もがいつか、必ずといっていいほど関わることになります。

「うちには大した財産もない」
「親が亡くなったときに兄弟で考えればいい」

そう思われるかもしれません。しかし、**遺産の分け方で親族がもめるケースは非常に多い**のが現実です。多額の遺産を持つ家庭だけではありません。遺産の多い少ないに関わらず、どのような家庭にでも起こり得るのです。

事実、家庭裁判所が取り扱う遺産分割の事件は増加傾向にあり、また、遺産総額5000万円以下の訴訟が全体の約4分の3を占め、全体の3分の1が1000万円以下の訴訟だという統計もあります（図1・2）。

自分の財産を受け渡す人のことを**「被相続人」**と呼びます。亡くなった人の財産を引き継ぐ人を**「相続人」**といいます。被相続人の立場になるのは、主に親です。相続について、親は簡単に考えがちです。

「子どもたちは仲がいいから、話し合って財産を分けてくれるだろう」

「自分が残せる程度の財産で、兄弟同士がもめるなんて考えられない」

しかし、いざ相続が発生すると、自分の取り分を主張し合うことが少なくありません。長男の「実家は長男である自分が引き継ぐ」という主張に対し、次男の妻が「均等に分けないと不平等だ」と反論。長女は「子どもの教育費に対するサポートがウチにはなかったのだから、均等ではなく、私に多く相続させるべき」と訴える。

図1　遺産分割事件数の推移

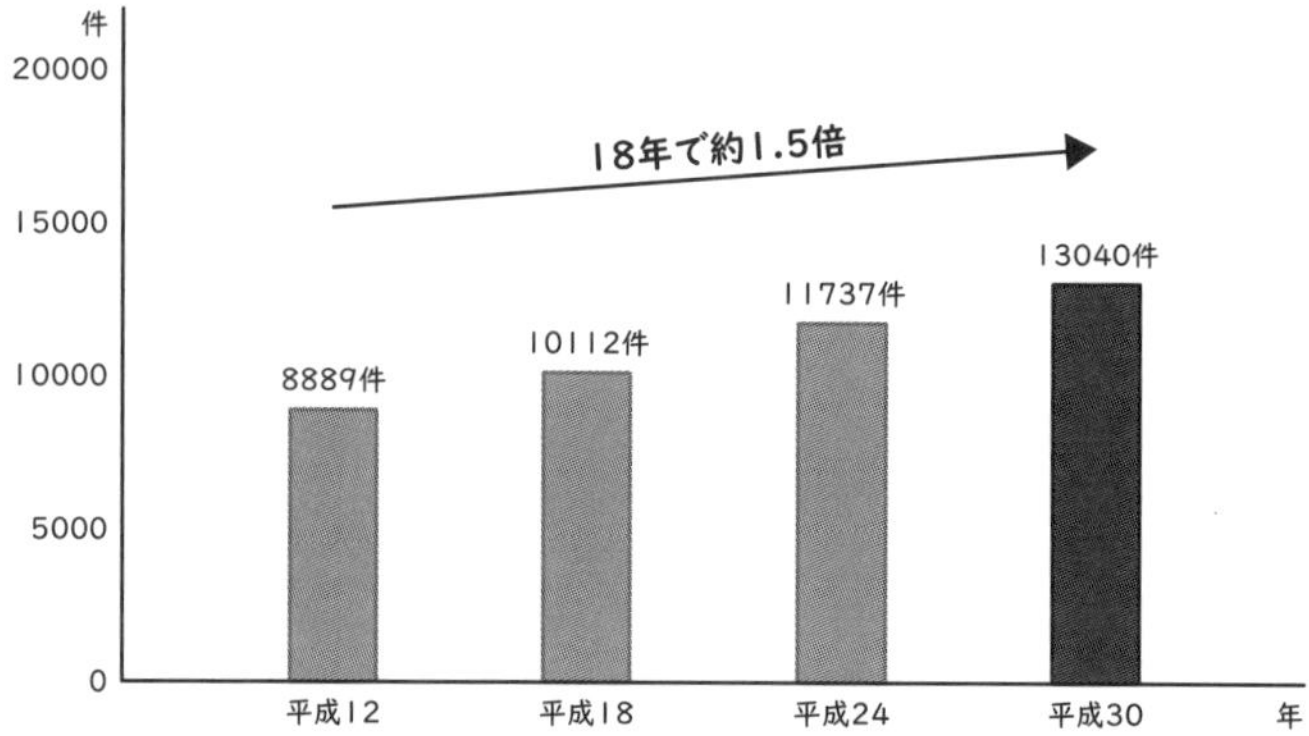

出典：最高裁判所「平成30年度司法統計年報（家事事件編）」

図2　遺産分割事件に関する遺産価額ごとの割合（審判・調停）

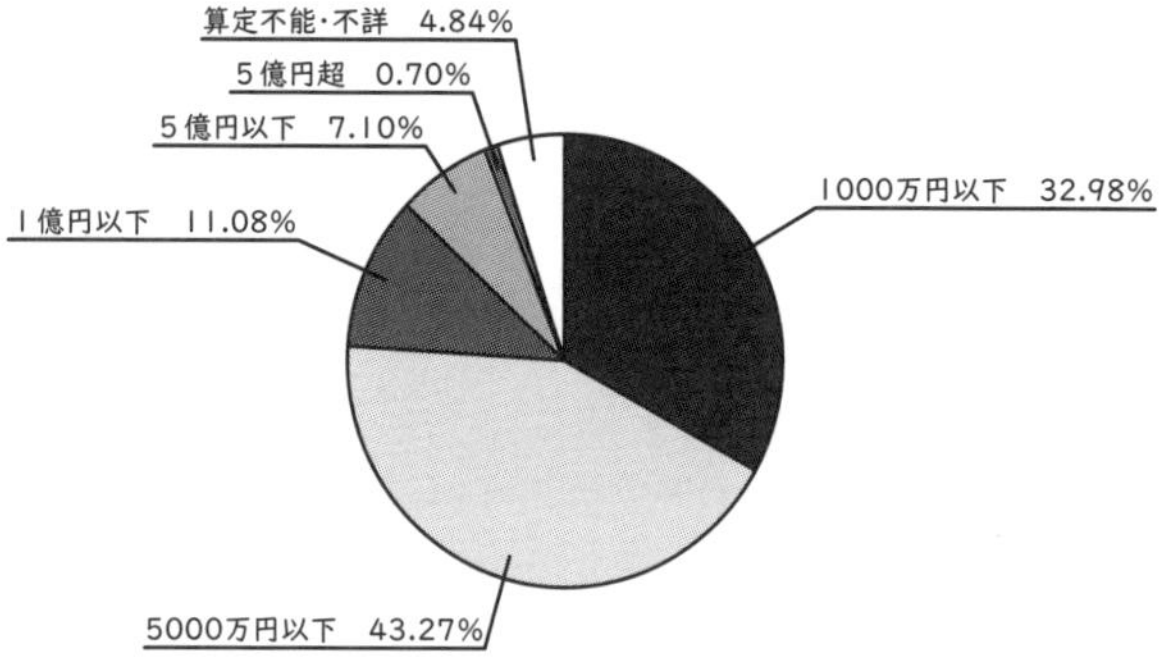

出典：最高裁判所「平成30年度司法統計年報（家事事件編）」

気づいたときには、**仲がよかったはずの兄弟が口もきかないような状態になってしまっていた**、なんてケースも決して珍しくありません。亡くなった人の喪が明けないうちにです。親として、そんなことは避けたいのではないでしょうか。

節税対策でムダな損を防ぐ

相続のトラブルは「誰がどれだけ相続するか」といったことだけではありません。それと併せて気をつけておかなければならないのが、相続税です。

「ウチには大した財産もないから、相続税なんてかからない」

そう高を括《くく》って**節税対策を怠っていると、大金を失うことにもなりかねません**。

被相続人の立場であれば自分の財産を把握していると思いますが、子どもが正確に親の財産を把握していることは少ないと思います。特に、現在の高齢者は預貯金を多くお持ちなので、相続税が発生する家庭は少なくありません。持ち家の評価額が思いのほか高く、予想をはるかに超えて多額の納税資金が必要になる、なんてケースもあります。

きちんと節税対策をしておけば相続税を払わなくてすんだのに、納税資金が足らずに、相続するはずだった家を手放さなければならない、なんて事態に陥っては非常に残念です。

では、そうしたトラブルに見舞われず、スムーズに相続するためにはどうすればいいのでしょうか。

それは、とにかく**「準備をすること」**です。家族がもめなくてすむよう、遺言書で財産の分け方を決めておく。認知症に備えて家族信託契約を結ぶ。生前贈与で節税対策を行う。やるべき準備は、いろいろと考えられます。

「うちは相続争いなんて起きるはずがない。ましてや相続税なんてあり得ない」と思い込み、何も対策をしないことがトラブルの元凶です。試験勉強でもスポーツの試合でも、コツコツと時間をかけて準備をしておかなければ、試験や試合の当日によい結果は出ません。相続も同様に、早めの対策こそが肝心です。

本書では、「相続」が「争続」にならないよう、そして相続税で不要な損をしないための方法をお話ししていきます。内容を参考にしながら、しっかり準備を進めていってください。

次ページからは、相続を円滑に行うために、押えておくべきルールについて説明していきます。説明的な内容が続きますが、覚えておいて損はないので、少し頑張って読んでみてください。

誰が、どれだけもらえるのか

誰がもらえるのか

最初に、「誰が遺産を相続するか」です。

基本的には、民法で定められた**「法定相続人」**が受け継ぐことになります。

まず、**被相続人の配偶者はどんな場合でも相続人**となります。ただし、事実婚や内縁の妻と表現されるような関係のときは相続人にはなれません。

そのほかに誰が相続人になるかは順番が決まっています。配偶者の次に当たる**第1順位が「子（直系卑属）」**です。すでに子どもが亡くなっている場合は、その孫、ひ孫に引き継がれます。これを**「代襲相続」**と呼びます。

第1順位に該当する人がいない場合、**第2順位が「直系尊属」**です。直系尊属とは被相続人の父母、祖父母です。父母がいる場合には、祖父母よりも父母が優先され

図3　法定相続の順位

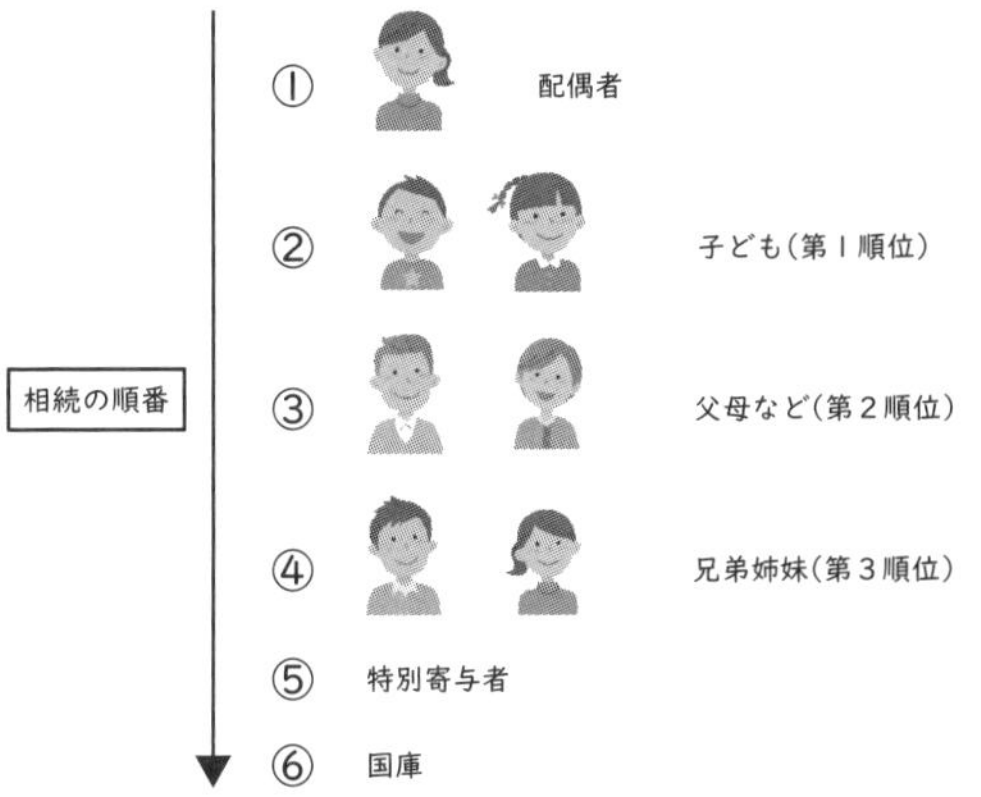

ます。

第1順位、第2順位に当たる人が誰もいない場合は、**第3順位の「兄弟姉妹」**に相続されます。兄弟姉妹が亡くなっている場合は、その子（被相続人から見て姪《めい》・甥《おい》）に代襲相続されます。兄弟姉妹の場合には代襲相続は一代限りであり、再代襲相続は起こりません。第3順位まで相続人がおらず、遺言もなく、被相続人と生計を同じくしていた者など特別寄与者もいないときは、遺産は国庫へと納められます（図3）。

少しわかりにくいと思うので、実例を挙げてみます。

配偶者と子どもがいる場合、配偶者と子どもで相続します。遺産をどう分けるかの割合（相続分）については後述します。配偶者が既に亡くなっていたり、離婚していたりする場合は、優先順位に従って相続します。

例えば、配偶者はおらず、子どもがいる場合には、子どもが相続します。子どもが2人いる場合など、**同順位が複数人いる場合には、全員で均等に相続**します。

被相続人に配偶者がいて、子どもはおらず、父母と兄弟が存命しているのであれば、相続人は配偶者と父母の3人ということになります。この場合、父母が優先されるため、兄弟は相続人にはなりません。

どれだけもらえるのか

それぞれの相続人が、どのような割合で相続するのか。民法では**「法定相続分」**として定められています（図4）。

まず、配偶者がいる場合で考えます。

子どもも直系尊属も兄弟姉妹も代襲相続人もいないなら、配偶者がすべての遺産を

図４　相続人の順位と法定相続分

順位	相続分	備考
第１順位 配偶者と子	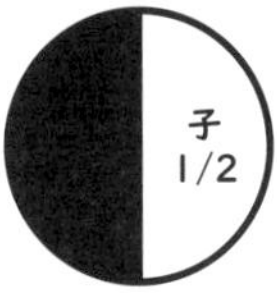	●子が複数いるときは、子の相続分を等分する (例)子が３人いる場合 子の相続分1/2÷３人＝1/6ずつ ●実子、養子、婚姻関係にない相手から生まれて認知された子も、子の相続分は同じ
第２順位 配偶者と直系尊属	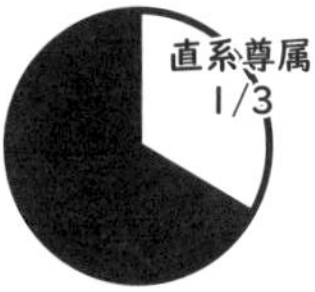	●直系尊属(親、次にその親)が複数いるときは、直系尊属の相続分を等分する (例)両親がいる場合 直系尊属の相続分1/3÷２人＝1/6ずつ
第３順位 配偶者と兄弟姉妹	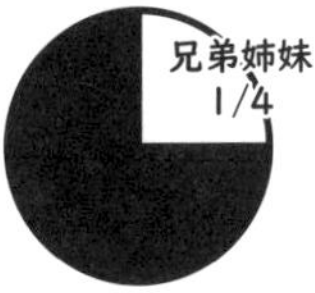	●兄弟姉妹が複数いるときは、兄弟姉妹の相続分を等分する (例)４人兄弟姉妹がいる場合 兄弟姉妹の相続分1/4÷４人＝1/16ずつ ●父母の一方が故人の父母と異なる兄弟姉妹の相続分は、父母が両方とも同じ兄弟姉妹の1/2になる

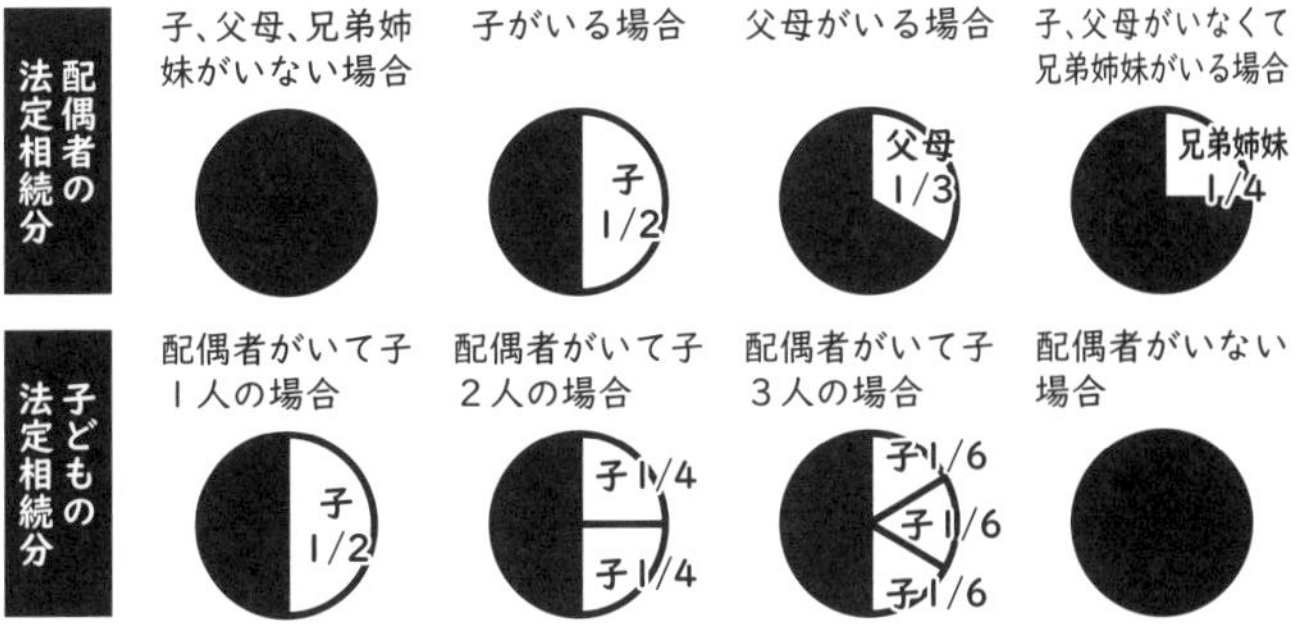

相続します。

配偶者と子ども（第1順位）が相続人である場合には、**配偶者が2分の1、子ども全員合わせて2分の1**です。例えば、配偶者と3人の子どもで法定相続するなら、配偶者が2分の1、子どもそれぞれが6分の1になります。

配偶者と親（第2順位）が相続人である場合には、**配偶者が3分の2、親全員合わせて3分の1**です。

配偶者と兄弟姉妹（第3順位）が相続人である場合には、**配偶者が4分の3、兄弟姉妹全員合わせて4分の1**です。

配偶者がいない場合は、順位に従って、同じ順位の相続人が分割して相続します。例えば、配偶者がいなくて子どもが2人いる場合は2分の1ずつです。

最低限もらえる割合

分ける割合は変えることができる

ここまでお話ししたように、誰が相続するか、どれだけ相続するかの基本ルールは決まっています。とはいえ、被相続人は遺言で相続人や相続分を指定することもできます。また、「遺産分割協議」といって、相続人同士の話し合いで分け方を決めることもできます。これについては、後に詳しくお話ししていきます。

分け方を変えられるのであれば、本来遺産を引き継ぐ権利のある人が、まったく受け取れないこともあるのでしょうか。

それでは相続人は納得できません。民法では、法定相続人としての権利を守るために最低限度の相続分を保障しています。これを**「遺留分」**といいます。遺留分の割合は、相続人が誰になるのかと、その組み合わせで決まります（図5）。

図5　相続人の組み合わせと遺留分の割合の例

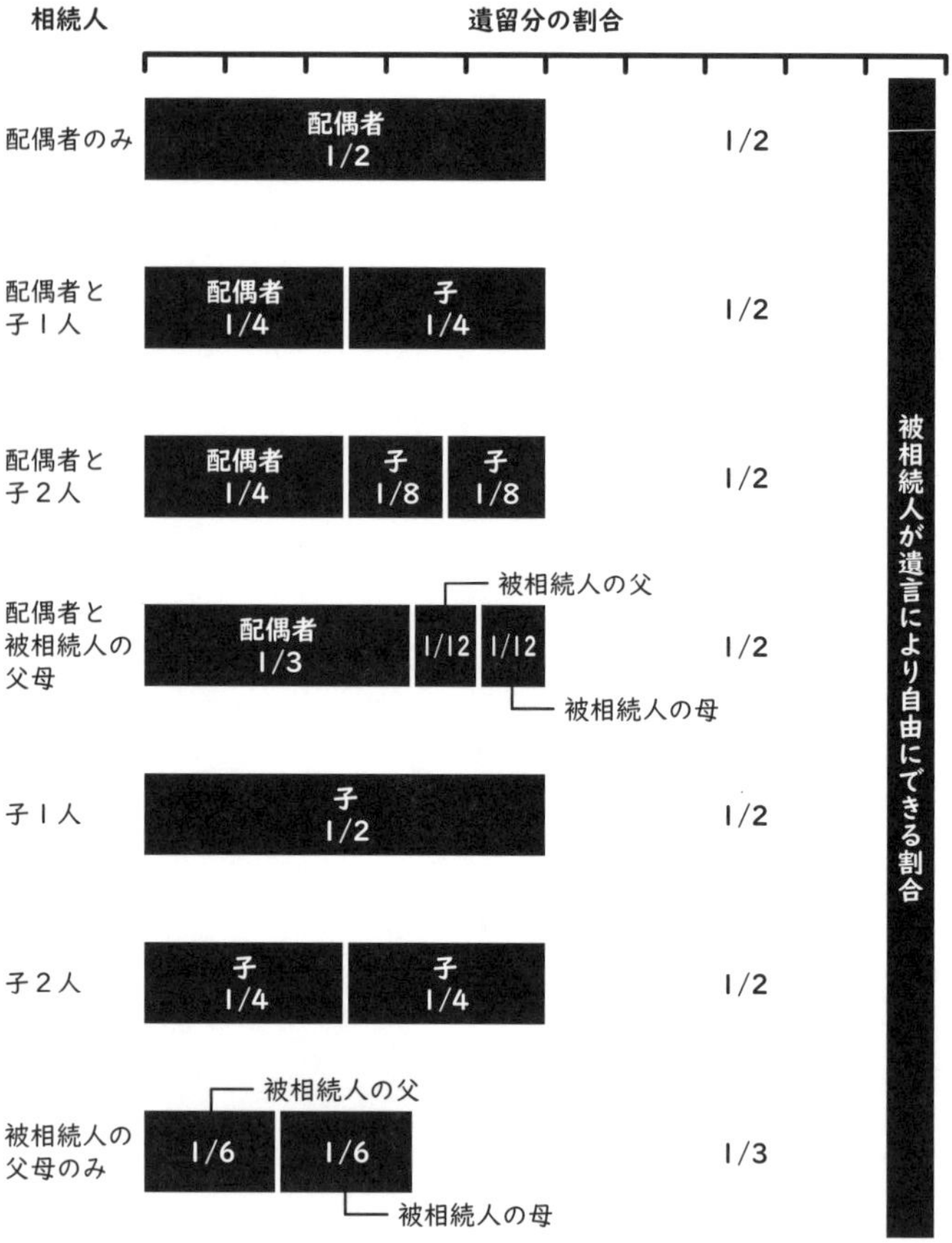

※相続人が被相続人の兄弟姉妹のみの場合は遺留分はないので、すべて被相続人の自由にできる
※相続人の廃除をされた人、相続欠格の人、相続放棄をした人には遺留分侵害額請求権はない

遺言での相続分の指定や遺産分割協議の結果、遺留分よりも低い割合しか相続できなかった場合（遺留分の侵害）は、侵害している相手に「**遺留分侵害額請求**」を行うことができます。このことに決まった手続きはなく、相手に意思表示をするだけです。その上で相手が応じない場合は、家庭裁判所に調停申立てをするか、地方裁判所に訴訟を提起します。ただし、遺留分はすべての法定相続人に認められているわけではありません。**遺留分侵害額請求を行えるのは、配偶者と第１順位の直系卑属、第２順位の直系尊属のみ**で、第３順位の兄弟姉妹には遺留分はありません。

遺留分を侵害されたときに、気をつけなければならないのが時効じゃ。遺留分侵害額請求は、自分が遺留分の侵害を知ったときから1年以内、相続開始後10年以内に行わなければ、その権利は消滅してしまうぞ。

遺留分もいらない場合は

遺留分は、本人が望む場合には放棄することもできます。例えば、父親が亡くなった家庭で、母親の生活のために子どもたちは相続を希望しない場合などが考えられます。

遺留分の放棄は、被相続人の死後であれば自由に行えます。正確には、遺留分を侵害された相続人が遺留分侵害額請求を行わなければいいだけです。

しかし、これでは本当に放棄してもらえるかはわかりません。父親の生前に息子が「お母さんのために遺留分を放棄する」といっていても、実際にそうしてくれるかどうかはわからないわけです。

そこで**生前でも遺留分の放棄を行うことはできるのですが、その手続きは少し複雑**で、家庭裁判所の許可が必要になります。

放棄が認められる基準は明確ではありませんが、次のようなことが挙げられます。

①放棄がその相続人の真意であること
②合理的・必然的理由があること
③放棄に対する代償財産の提供があること
※代償財産の提供：例えば、遺留分に見合うだけの十分な経済的援助を既に受けている場合です。

そもそも遺留分とは、相続人の最低限の権利を守るための制度です。それを放棄するには、しっかりとした根拠が必要になります。この点は、財産を遺《のこ》す側の人もよく考えるようにしましょう。

不公平にならないための決まり

尽くした人が報われるように

先ほどお話しした通り、相続財産の基本的な分配方法として、法定相続分が決められています。ただし、この制度は一見公平なようですが、ケースによっては不公平と考えられる場合もあります。

例えば、2人の姉妹がいて、父親が亡くなったとします。長女は大学入学の際に一人暮らしを始めて、そのまま結婚。実家に帰ってくることも、ほとんどありませんでした。一方の次女は実家に残り、十数年間にも及ぶ父親の介護を献身的に行ってきました。古くなった実家で父親が暮らしやすいように、リフォーム代金も支払っていました。

もう1つ、例を挙げます。

長男は高校、大学とも私立に通い、父親から多額の学費を出してもらっていました。結婚式の費用や新居の頭金まで父親のお金です。対して、次男は公立の高校を卒業して就職。現在は、独身のまま賃貸アパートで暮らしています。

どちらの場合も、それぞれの子どもの法定相続分は同じです。しかし、これでは次女、次男としては納得いかないでしょう。

こうした相続人の間に生じる不公平を考慮した制度が定められています。

まず、前例の次女のように、相続人が被相続人の財産の維持や増加に貢献した場合、これを考慮しなければ不公平です。その**貢献に応じた財産を受け取る**ことが認められています。これを**「寄与分」**と呼びます。

具体的に寄与分が認められるのは、被相続人の家業を支えたり、介護を行ったりした場合です。ただし、実際のところ、寄与分は簡単には認められません。単に親の面倒を見ていたなど、被相続人に対するサポートが通常期待される範囲のものであれば、認められることは難しいといえます。

認められた一例としては、認知症のため、食事やトイレなど、常に介護が必要な親を10年以上同居して面倒を見てきた、親のために実家のリフォームの代金を払った、などがあります。

寄与分に該当しそうなことがある場合は、相続人同士で話し合いましょう。

生前にたくさんもらった人は割合を少なく

もう1つ、相続分を決める要素として覚えておきたいのが「特別受益」です。先ほどの後例の長男のように、ある法定相続人が過去に被相続人から多額の財産を譲り受けていた場合、それは特別受益とみなされます。例えば、結婚資金や高額な学費、住宅資金の援助などです。

特別受益は相続財産の前渡しとみなします。具体的には、相続財産に生前贈与分を加えた上で、各々が引き継ぐ財産を算出した後、贈与や遺贈を受けた相続人の法定相続分からその価格分が差し引かれます。これを「特別受益の持ち戻し」と呼びます。

例えば、兄弟2人が相続人で、遺産が5000万円だったとします。長男の受けた生前贈与が１０００万円の場合、５０００万円＋１０００万円を本来の財産として計算します。すると、それぞれの法定相続分は３０００万円になります。長男の法定相続分はそこから１０００万円の特別受益が差し引かれ、実際に相続するのは２０００万円となります。次男は３０００万円です。ただし、相続人全員が「特別受益は考慮しない」と認めた場合には、財産に含めなくても構いません。また、遺言書で「特別受益の持ち戻しは免除する」旨を遺しておくこともできます。

詳しくは後で扱うが、生命保険金は相続財産に含まれない。特定の相続人が生命保険金を受け取っても、特別受益の持ち戻しの対象にはならないということじゃ。しかし、例外もある。遺産の6~7割を生命保険金が占めるなど、相続人の間に生じた不公平が著しければ、生命保険金でも特別受益の持ち戻しが認められる場合があるんじゃ。

どんな財産が相続の対象になるか

借金も相続財産に含まれる

相続財産として引き継がれるのは、具体的にどのようなものなのでしょうか。現金や預貯金はイメージしやすいと思いますが、ほかにもあります。証券、家屋、宅地、農地、貴金属、絵画、車、会員権、貸付金など、**一定の価格で取引される一切のもの**です。

また、これらプラスの財産に加え、借金や未払いの税金といった**マイナスの財産も相続対象**になります。被相続人が借金の連帯保証人となっていた場合にも、連帯保証人の地位を引き継ぐことになります。こうした財産を引き継がないためには「相続放棄」という方法があります。これについては後述します。

その他、身近なところでは**賃貸借契約も相続の対象**です。被相続人が借りていた家の契約は、死亡しても終了しません。家賃は発生しますし、引き継いだ相続人はその家に住み続けることができます。

契約を継続したくないのであれば、解約手続きをしなければいけません。そのままだと家賃を請求される恐れもあります。まずは管理会社や大家さんに相談しましょう。

このように、何が相続財産になるのかは少し複雑です。実際に相続が発生しても特定できないことがあります。細かく調べたとしても、漏《も》れがある可能性もあります。税理士に相談すれば細かなところまで調査してもらえるので、不安であれば依頼するようにしましょう。

「名義預金」に注意

相続財産の認定では、財産の名義に関わらず、実質的な被相続人の財産が対象とされます。つまり、**お金の出どころが被相続人であれば、別の人の名義だったとしても、被相続人の相続財産として扱われる**ということです。

この点で気をつけなければいけないのが**「名義預金」**です。名義預金とは、実質的な所有者と口座名義人とが異なる預金のことです。例えば、実際に稼いだのは夫だけれども、預金の名義は妻となっている場合などです。夫が亡くなり、妻の預金が名義預金だと認定されると、その預金も夫の相続財産に含まれてしまいます。

この場合、当然**名義預金も相続税の課税対象**になります。被相続人の名義ではないからと油断していると、税務署の税務調査で預金の申告漏れを指摘されることになりかねません。

そうしたトラブルへの対策として、**「贈与契約書」**を作成する方法があります。夫から妻へ資金を移動する際に、「これは贈与である」と明らかにしておく。そうすれば、預金名義ではなく妻の財産だとみなされ、課税対象からは外れます。

ただし、一定額以上の贈与には贈与税も発生します。贈与や贈与税については、第2章で詳しくお話しします。

生命保険金は相続財産になるのか

何が相続財産になるのかを考える場合に、少しややこしいのが生命保険金です。被相続人から受け取る多額のお金という意味で、生命保険金を想像される方も多いと思います。

結論からいうと、**生命保険金は相続財産に含まれません**。生命保険金は遺産と同様、被相続人の死亡によって受け取るものであることに違いはありませんが、あくまで受取人の固有の財産という扱いになります。受取人の財産である以上、遺産分割の対象にはなりません。また、遺言書で「保険金を○○に何割ずつ配分する」などと指定することもできません（図６）。

ただし、ここに大きな勘違いのポイントがあります。それは、**生命保険金は相続財産に含まれないものの、相続税の課税対象にはなる**ということです。つまり、民法上では相続財産とは扱われないけれど、税法上では課税の対象になるということです。

多くの家庭では、父親が亡くなったら、妻や子どもに保険金が支払われる保険に加入していると思います。このような場合、税法上は保険金を相続財産だとみなして、相続財産にプラスします。

図6　財産の種類と例

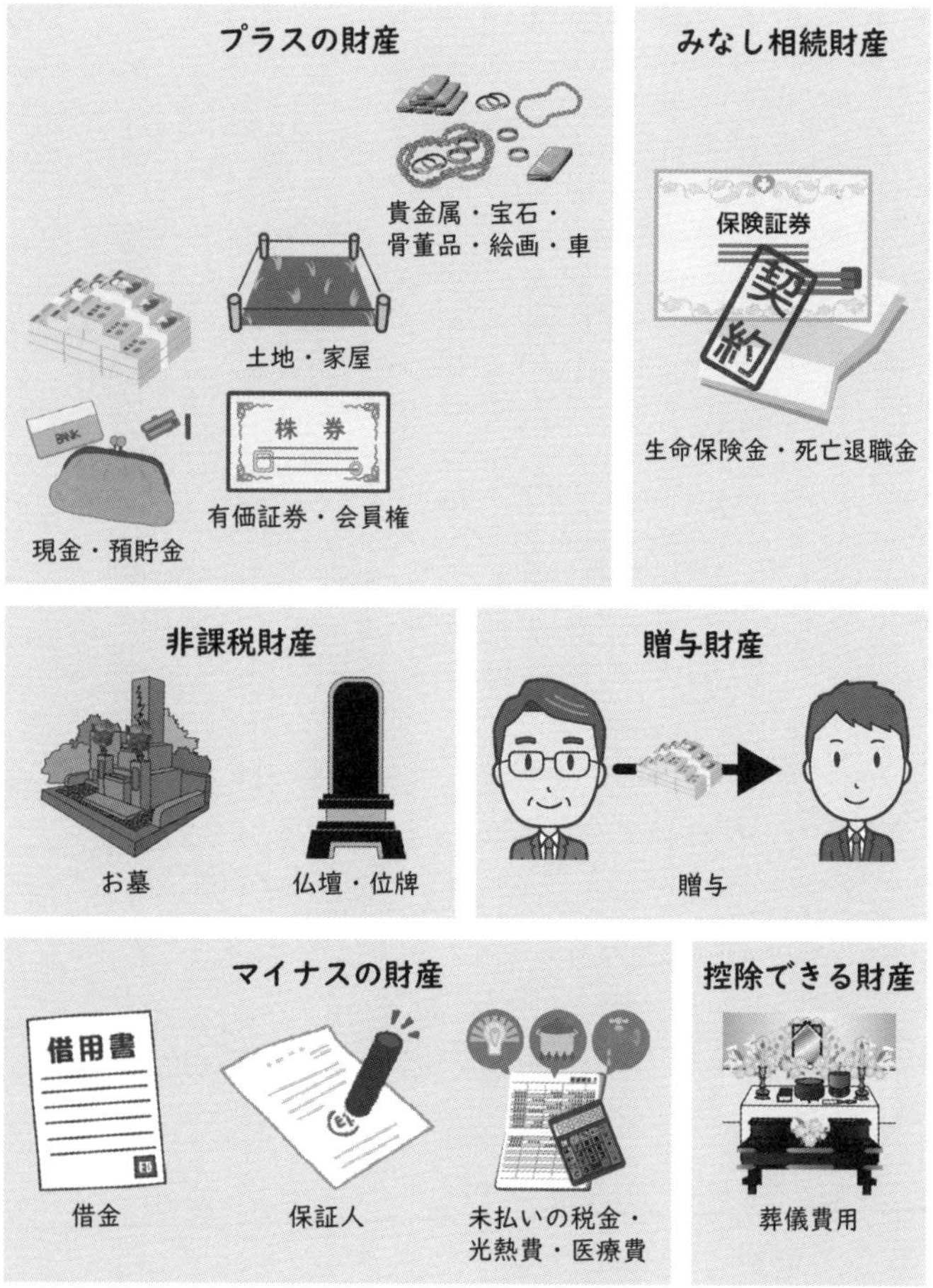

プラスの財産
貴金属・宝石・
骨董品・絵画・車
土地・家屋
株　券
有価証券・会員権
現金・預貯金
みなし相続財産
保険証券
契約
生命保険金・死亡退職金
非課税財産
お墓
仏壇・位牌
贈与財産
贈与
マイナスの財産
借用書
借金
保証人
未払いの税金・
光熱費・医療費
控除できる財産
葬儀費用

しかし、生命保険金は一定の金額が非課税になります。非課税限度額は法定相続人1人当たり500万円で、これを超える金額は相続財産として加算されます。生命保険金の非課税限度額についても、詳しくは第2章でご説明します。

実際に受け取った生命保険金を扱うときにも注意が必要じゃ。例えば、父親が5000万円の保険に加入していて、子ども2人のうち長女を受取人にしていたとする。相続が発生し、長女が自宅を相続する代わりに、保険金から3000万円を次女に渡した。すると、その3000万円は贈与とみなされて、原則、贈与税の課税対象になってしまうのじゃ。

相続したくないときは

相続には3つの方法がある

先ほど、少し「相続放棄」について触れました。財産には3つの承認方法があります。「単純承認」「限定承認」「相続放棄」です。

単純承認とは、被相続人のすべての財産を無条件に相続する方法です。一般的に「相続」と聞いてイメージされるのは、この方法だと思います。しかしそれでは、親の借金なども相続してしまうことになります。マイナスの財産の方が多いときなど、相続人にとっての不利益が大きくならないように、限定承認や相続放棄といった制度が設けられています。

限定承認は、プラスの財産の範囲内でマイナスの財産の債務を負う方法です。プラスの財産でマイナスの財産を弁済しても借金や債務が残る場合は、それ以上支払う必要はありません。この方法は相続財産の把握が難しく、合計がマイナスかプラスかわからない場合に選ばれます。例えば、被相続人は不動産をいくつか持っていたけれど、会社を経営していてあちこちに借金もありそう、といったケースが考えられます。

一方、**相続放棄はすべての財産を放棄する方法**です。例として、被相続人に多額の借金があることが明らかな場合や、相続財産が田舎の山など価値のない不動産だけといった場合などには相続放棄が行われます。

相続放棄や限定承認をするためには、相続を知ったときから3カ月以内に、家庭裁判所で手続きをしなければいけません。**3カ月を過ぎると、自動的に単純承認したものとみなされます。また、3カ月を過ぎる前であっても、遺産の一部でも処分してしまうと単純承認したものとみなされます**。

では、親が亡くなったときに、葬儀費用を払った場合はどうでしょうか。

これは、「社会的に相当程度（過大ではない、豪華ではない）の葬儀費用を被相続人の財産から支出しても相続財産の処分には当たらない」として、法定単純承認とはならなかった判例があります。

限定承認と相続放棄どちらを選ぶか

明らかにマイナスの財産が多い場合は相続放棄を選ぶことをおすすめしますが、はっきりしない場合もあると思います。もしプラスの方が多いのであれば、相続放棄をすると損をしてしまうのでは、と悩まれる場合もあると思います。限定承認であれば、プラスが多い場合はそれを相続することができ、マイナスの場合も弁済の義務はありません。

ただし、限定承認は相続放棄に比べて手続きが複雑です。具体的には、相続放棄は相続人個人で行えるのですが、限定承認は相続人全員でなければ行えません。さらに、限定承認では遺産目録の提出が必要になるなど、手間もかかります。

また、限定承認も相続放棄も、一度手続きをすると原則取り消しができません。もし相続放棄をした後でマイナスの財産よりもプラスの財産が多いことが判明しても取り消せないので、よく調べた上で慎重に判断してください。

もし相続放棄をするなら、被相続人が生きている間に生命保険に入っておいてもらうといい。生命保険金は民法上相続財産に含まれず、相続放棄をしても生命保険金は受取人のものになるのじゃ。

相続放棄をするときはここに注意！

相続放棄にはもう1つ注意点があります。それは、**相続放棄を行うと、次の順位の法定相続人に自動的に相続権が移る**ということです。

例えば、被相続人が多額の負債を抱えていたため、第1順位の相続人が相続放棄をしたとします。すると、第2順位の相続人がこの負債を負うことになるのです。

もちろん、第2順位の相続人も相続放棄はできます。しかし、すぐに連絡ができれ

図7　相続権の移動

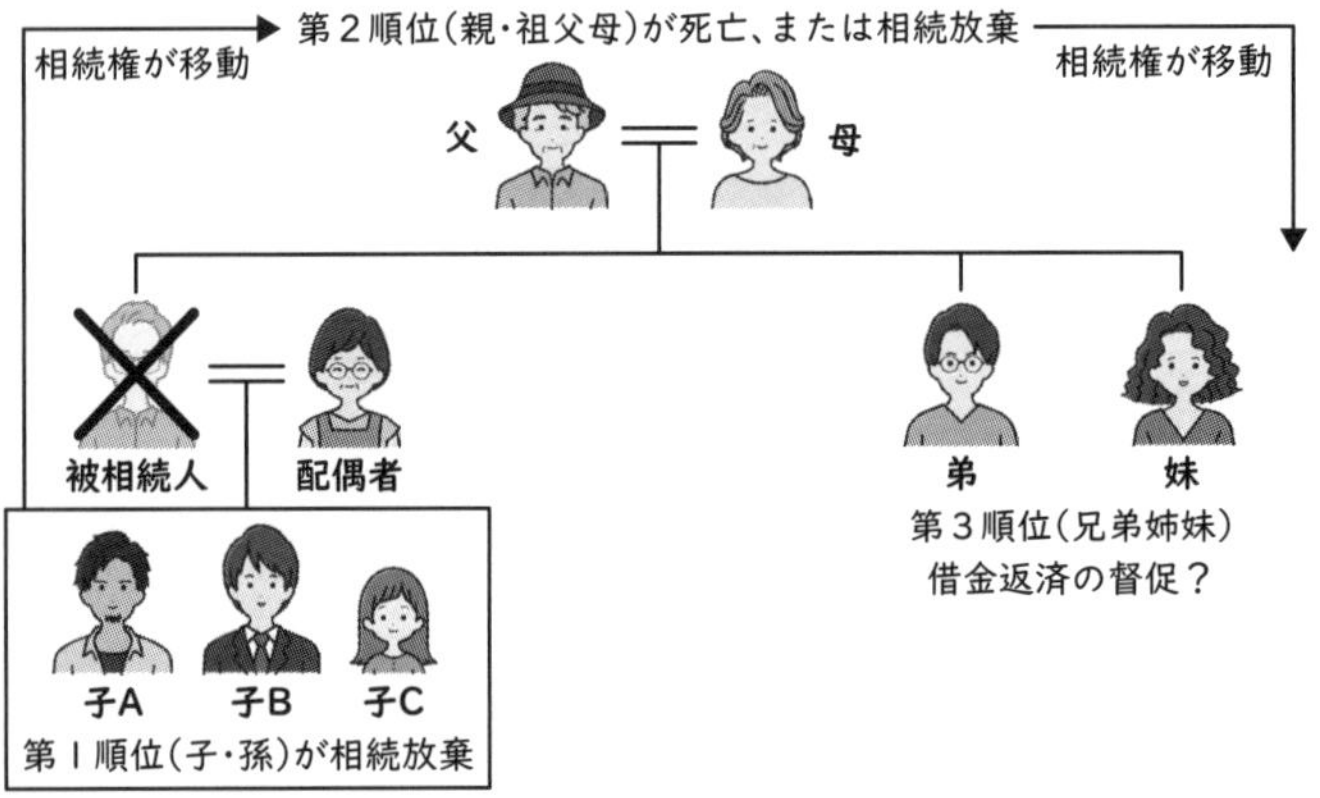

ばいいのですが、何年も会っていないような関係性であれば、それも難しいかもしれません。なかには被相続人が亡くなったことも知らされず、ある日突然、債権者からの催告書や税金の督促状が送られてくるなんていうこともあります（図7）。

もちろん、被相続人が亡くなったことを知らない場合は、督促状が来ていきなり相続税を払わなければいけないということはありません。先順位の相続人の相続放棄により、自分が相続人となったことを知ったときから3カ月以内であれば、問題なく相続放棄をすることができます。

しかし、何も知らされないまま、というのは気持ちのよいものではないでしょう。

相続放棄をするような遺産であれば、次の順位の人も相続したいとは考えない場合が多いはずです。**相続放棄をするときは、次順位の相続人にもその旨を知らせておいた方がよいでしょう**。そうすれば、そこから3カ月以内に、次順位の相続人も相続放棄をすることができます。

親として、子どもにはなるべくたくさんの財産を渡したいものじゃ。しかし、中には借金を抱えている人もいるじゃろう。そのままにしておいても相続放棄はできるが、面倒な手続きが必要じゃ。大きな借金があるのなら、生前に自己破産しておくことも考えてみるべきかもしれんぞ。

みんなで話し合って決める

相続人全員の同意が必要

単純承認、あるいは限定承認で財産を引き継ぐと決めたら、次に問題になるのが、相続人同士で財産をどう分け合うかです。

遺産の分割は、遺言が残されていればそれに従うことになります。**遺言の指定により相続財産を分割する方法を「指定分割」**といいます。遺言については第4章で詳しく説明するので、ここではそれ以外の分割方法について見ていきます。

先述の通り、基本的な相続分は法定相続分として定められていますが、遺言がない場合、実際にどのように分けるかは原則自由です。**相続人同士で話し合って決めることを「協議分割」**といいます。

もちろん、特定の相続人の自由に分割できるわけではなく、相続人全員で**「遺産分割協議」**をします。そこで決めた内容を「遺産分割協議書」に記します。相続人全員の署名と実印の押印、印鑑証明書の添付が必要です。

書面がなければ、分割協議自体が無効になるわけではありません。協議内容に全員が納得して、後から文句を言い出すような相続人がいなければいいわけですが、「内容に合意していない」という人が出てくる可能性もあります。法的効力を持った分割協議書を作成しておくことで、トラブルの発生を防ぐことができます。

相続人が海外在住者や未成年者の場合は？

遺産分割協議書を作成するときに困るのが、相続人が海外で暮らしているケースです。海外在住で日本に住所登録がなければ、印鑑証明書を取得できません。

では、海外在住の相続人がいる場合には遺産分割協議が成立しないのかというと、そういうわけではありません。大使館や総領事館で手続きをして、**署名証明書を発行してもらえば、それを印鑑証明書の代わりとすることができます**。遺産分割に参加し、取得した署名証明書を提出すれば遺産分割協議は問題なく成立します。

また、相続人が未成年者である場合、親権者など「法定代理人」の同意や代理がなければ法律行為は行えません。これは、未熟な未成年者の保護を目的として、民法で定められた決まりで、遺産分割協議も例外ではありません。

それでは、父が亡くなり、母と未成年の子が相続人だった場合には、子の代理人を母が務めて、実質的に母のみで遺産分割協議は行えるのでしょうか。

結論としては、認められません。このケースでは、未成年の子と母の利益が対立するため、母は代理人を務められないのです。子は成年になれば、自身でも無効を主張できます。

そうした場合には、**家庭裁判所に「特別代理人」を選任してもらい、その人が未成年者を代理して遺産分割協議に参加する**方法が採られます。特別代理人は、利害関係のない人なら特に条件はなく、特別代理人としての職務を適切に行えるかどうかについての適格性が家庭裁判所により判断されます。

もめたら調停・審判

法定相続分が決まっているのだから、遺産分割協議までして何を相談する必要があるのか、と思われる方もいるかもしれません。決まりがあるのだからみんな納得できるだろう、と想像される方も多いのですが、残念ながら、そううまくはいきません。

「姉だけ自宅の頭金を出してもらったのだから、兄弟で均等に分けるのは不平等だ」

「兄は留学費用を出してもらったのだから、私の方が多く相続するのが正当だ」

法定相続分通りの分け方に不満をいう相続人が出てくるケースも多く、なかなか話し合いがまとまらないものなのです。

それに、預金だけであれば話はシンプルなのですが、持ち家や賃貸アパート、証券などのように簡単には分けられない財産もあります。これらが多い場合もトラブルになりやすいといえます。

このように**遺産分割協議がどうしても整わない場合に利用されるのが、家庭裁判所による「遺産分割調停」と「遺産分割審判」**です。

話し合いがまとまらなければ、まず「遺産分割調停」が行われることになります。家庭裁判所で調停委員を交えて、合意できる案を協議します。調停委員は当然遺産分割のルールに詳しく、不合理な主張をする人を説得してくれたり、妥当な分割案を提案してくれたりします。

しかし、この段階では、まだ当事者同士の話し合いです。全員が納得しなければ決まることはありません。調停でも決まらない場合は、「遺産分割審判」となります。家庭裁判所の調査に基づき、裁判官によって分割の方法が決められます。

調停や審判を起こしてすぐに結論が出るならまだしも、そうもいきません。調停には半年から1年ほど時間がかかる上、そこで話し合いがまとまるのは半数ほどです。残りの半数は審判に移行し、これにもまた1年から2年ほどの時間がかかります。

つまり、**審判まで行われるとなると、遺産分割協議を開始してから結論が出るまで**

に3年以上かかるケースもあるということです。相続は一旦もめると、大変な苦労をしてしまいかねません。だからこそ、早めの準備が必要なのです。

CHECK POINT!

改正相続法の8つのポイント

相続法は2018年の7月に改正され、2019年1月から段階的に施行が始まりました。これほど大きな法改正は、およそ40年ぶりだともいわれています。一体どのように変わったのか、主なポイントをまとめました（図8）。

❶配偶者居住権の新設

例えば夫が亡くなった場合、夫が所有していた建物に住んでいた妻は、1人で建物を相続するか、所有権を持つ相続人の承諾を得なければ住み続けられませんでした。それが今回の改正で、終身、または一定期間、その建物に住み続けることができるようになりました。これは居住建物を所有権と居住権に分けて相続する方法であり、ほかの相続人が所有権を得たとしても、配偶者は家賃を支払う必要がありません。

❷居住用不動産の夫婦間贈与などが優遇

以前は、被相続人の配偶者が自宅を贈与または遺贈された場合、特別受益を受けたものとして、「持ち戻し」の対象となっていました。これが改正により、20年以上の婚姻期間がある夫婦間の贈与等であれば、特別受益の持ち戻しがされなくなりました。

この制度により、高齢の配偶者に自宅を残せるだけでなく、遺産分割において配偶者の取り分を増やすことが可能になります。

❸凍結口座から一部引き出しが可能に

２０１６年の最高裁の判例変更により、遺産分割協議が終わるまで、被相続人の預貯金を払い戻すことができませんでした。そのため、葬儀費用や生活費で困ることがありました。それが改正により、法定相続分の３分の１まで（金融機関ごとに１５０万円の上限あり）であれば、払い戻しが認められるようになりました。また、この金額以上であっても、家庭裁判所の判断で仮払いが認められるようになりました。

❹自筆証書遺言の方式の緩和

これまで、自筆証書遺言（詳しくは第4章）は、全文自筆でなければなりませんでしたが、改正により、財産目録はパソコンで作成したものを添付できるようになりました。また、登記事項証明書の写しや通帳のコピーを添付することもできます。ただし、本文についてはこれまで通り自筆でなければ無効となります。

❺法務局が自筆証書遺言を保管

自筆証書遺言を自宅で保管する場合、紛失したり、被相続人以外の人間によって破棄されたりしてしまう危険がありました。そのリスクを避けるため、自筆証書遺言を法務局で保管してもらえるようになりました。

❻遺留分制度の見直し

相続財産に占める不動産の金額の割合が多い場合、特定の相続人が不動産を相続すると、ほかの相続人の遺留分を侵害することがあります。改正前は、ほかの相続人が「遺留分減殺請求」をすると、原則として不動産を共有する形で遺留分を取得していました。しかし、不動産の共有はトラブルになることが多く（詳しくは第3章）、改正によって遺留分侵害額に相当する金銭を請求できるようになりました。

❼特別寄与制度の創設

例えば、被相続人の長男の妻が被相続人を介護していたとします。これまで、長男の妻には相続権はなく、財産を引き継ぐことはできませんでした。一方で、まったく介護をしてこなかったほかの相続人は、財産を相続できます。

そうした不公平を是正するため、親族以外の者でも、被相続人の看護などを行っていた場合には、相続人に対して金銭の請求をできるようになりました。

❽登記などの対抗要件が必要に

例えば、自宅を配偶者に単独で相続させる遺言があるにもかかわらず、子どもがその遺言を無視し、それを第三者に譲渡して登記したとします。これまでは、配偶者は遺言書に反するこの譲渡を否定することができました。しかしそれでは、その事実を知らなかった第三者の権利が害される恐れがあります。

そこで改正により、法定相続分を超える部分については、登記がなければ第三者に権利を主張できないものとされました。先ほどの例だと、配偶者は登記をしていないので、子どもから第三者への譲渡を否定できないということになります。

図８　改正相続法の８つのポイント

改正ポイント	内容
①配偶者居住権の新設	配偶者は終身、または一定期間、引き続き住むことができる
②居住用不動産の夫婦間贈与などが優遇	基準を満たした夫婦間で生前に住居の贈与があっても持ち戻し計算されない
③凍結口座から一部引き出しが可能に	遺産分割協議の成立前でも一定の預金引出しができる
④自筆証書遺言の方式の緩和	遺言書は自筆が必要だが、部分的に自筆でなくてもOKとなった
⑤法務局が自筆証書遺言を保管	焼失、盗難、紛失、変造などのリスクを回避できるようになった
⑥遺留分制度の見直し	遺留分は不動産の共有ではなく、金銭で請求できるようになった
⑦特別寄与制度の創設	相続人以外の者に療養看護などの貢献を認めるようになった
⑧登記などの対抗要件が必要に	法定相続分を超える権利を相続したものは、超える部分について登記・登録が必要となった

コラム
+1

新型コロナは不動産業界にどう影響するのか①

新型コロナウイルスにより、リモートワークが浸透しました。そのことにより、オフィススペースを圧縮しようと考える企業が増えています。実際に、コロナ禍にオフィスの空室率は上昇しています。千代田区、中央区、港区、新宿区、渋谷区の東京都心5区のオフィス空室率は2020年3月から12カ月続けて上がり、2021年2月に5％台に乗ったというデータもあります。

また、感染を恐れて、人口の密集した都心部から郊外に移り住みたいという人も増えているといわれます。そうなると、居住用不動産への影響が考えられます。さらに、飲食業界の不況で、店舗を買ったり借りたりする人が減り、事業用不動産全体への需要が減っています。

このように、新型コロナウイルスの影響は、不動産業界にとっても痛手だと思われています。しかし、それを鵜呑《うの》みにするのも危険かもしれません。それがどういうことなのか、次のコラムでお話しします。

第**2**章

知らなきゃ損する節税対策

相続税はいくらになるのか

まずは基礎控除額を知ろう

第1章では、相続の基本的なルールをひと通りお伝えしました。本章では、気になる「相続税」についてお話しします。相続税は、できることなら払いたくないものです。もちろん**脱税はいけませんが、節税はすべき**です。具体的な節税方法も、併せてご説明していきます。

「相続税」とは被相続人の財産を相続した際に課される税金です。ただし、引き継いだ財産のすべてに対して発生するわけではありません。相続される財産のうち、**「基礎控除額」**を超える部分が、相続税の課税対象となります。

具体的な**基礎控除額は、一律3000万円に法定相続人1人当たり600万円を足**

図９　相続税の基礎控除額

一律
3000万円
＋

相続人の人数（600万円×人数）	基礎控除額
1人（600万円）	3600万円
2人（1200万円）	4200万円
3人（1800万円）	4800万円
4人（2400万円）	5400万円
5人（3000万円）	6000万円

＊養子は、実子がいる場合1人まで、いなければ2人まで

した金額です。仮に、相続人が妻と２人の子どもなら、基礎控除額は４８００万円ということになります。この基礎控除額を超えない限りは、相続税の申告自体も不要です（図９）。

法定相続人の中に養子がいる場合には、養子も基礎控除の適用を受けることができます。ということは、養子縁組をすれば控除額が増えることになります。

ただし、法定相続人の計算に含める養子の数は、実子がいるときは１人、実子がいないときは２人までに制限されています。

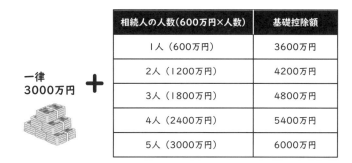

基礎控除額は、2015年1月の税制改正で変更された。それまでの基礎控除額は、「5000万円＋法定相続人1人当たり1000万円×法定相続人の数」じゃ。この改正により課税対象者が増え、2015年度は増税前の倍近い8％になったことが国税庁の調査で明らかになったぞ。

基本的な計算方法

相続税の計算上、預貯金に限らず、不動産や株式などのすべての財産が、相続時の評価額に置き換えられます。亡くなった人から遺産を相続した人が、実際に取得した財産の評価額に応じて負担するのが相続税です。最初に、「プラスの財産」（預貯金や不動産など）に「みなし相続財産」（生命保険金など）や「相続時精算課税が適用さ

図10　課税遺産総額の計算

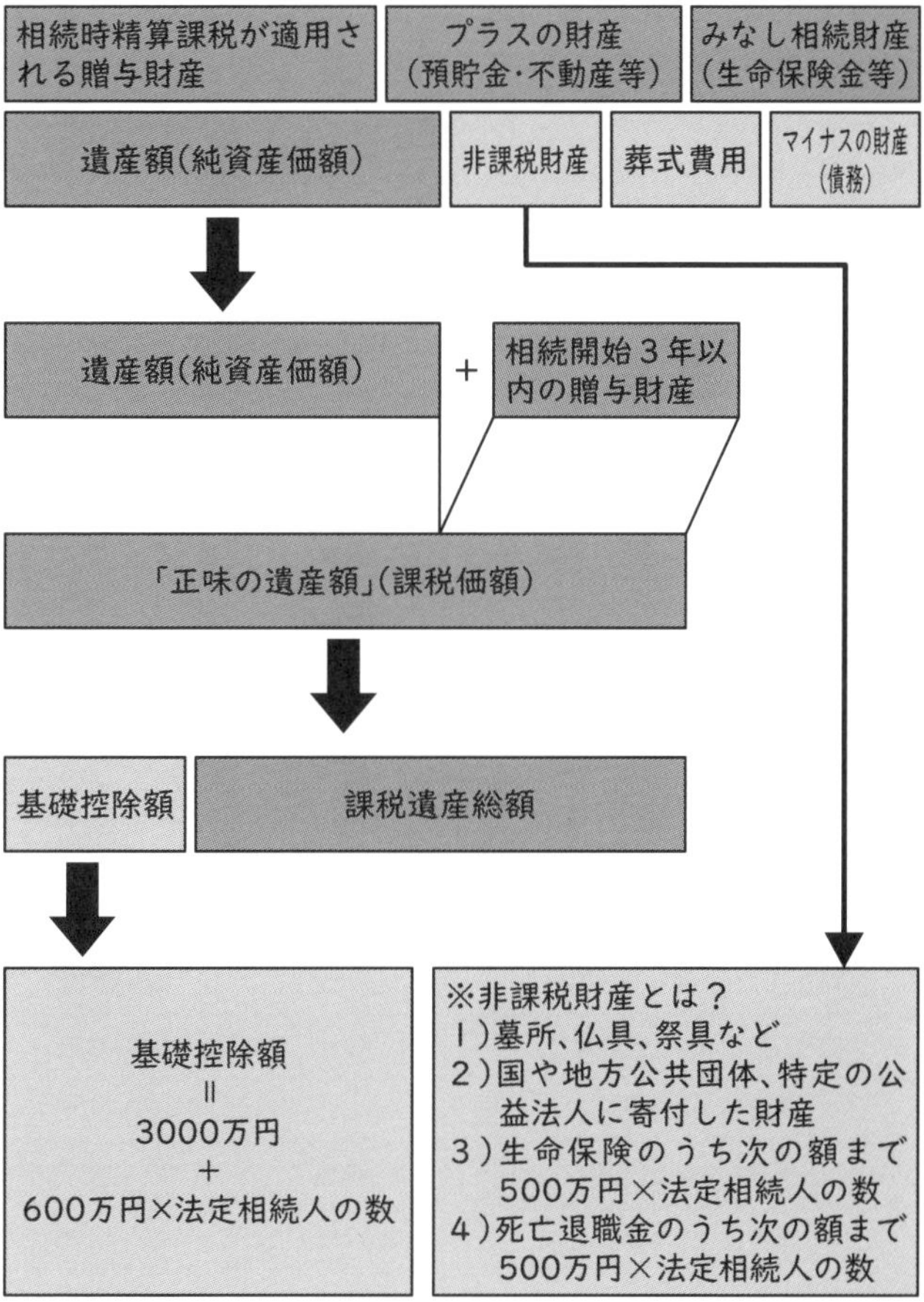
相続時精算課税が適用される贈与財産
プラスの財産（預貯金・不動産等）
みなし相続財産（生命保険金等）
遺産額（純資産価額）
非課税財産
葬式費用
マイナスの財産（債務）
遺産額（純資産価額）
＋
相続開始３年以内の贈与財産
「正味の遺産額」（課税価額）
基礎控除額
課税遺産総額
基礎控除額
＝
3000万円
＋
600万円×法定相続人の数
※非課税財産とは？
１）墓所、仏具、祭具など
２）国や地方公共団体、特定の公益法人に寄付した財産
３）生命保険のうち次の額まで
500万円×法定相続人の数
４）死亡退職金のうち次の額まで
500万円×法定相続人の数

図11　主な非課税財産

墓地、墓石、仏壇、位牌など	
国や地方公共団体に寄付をした相続財産	
相続人が受け取る生命保険金	「500万円×法定相続人の数」まで
相続人が受け取る死亡退職金	「500万円×法定相続人の数」まで
その他の非課税財産	●宗教、慈善、学術、その他公益を目的とする事業を行う一定の人が取得した財産でその事業に使われることが確実なもの ●心身障害者共済制度に基づいて支給される給付金を受け取る権利

図12　相続税の税率と控除額

法定相続人の課税価格	税率	控除額
1000万円以下	10%	0円
1000万円超～3000万円以下	15%	50万円
3000万円超～5000万円以下	20%	200万円
5000万円超～1億円以下	30%	700万円
1億円超～2億円以下	40%	1700万円
2億円超～3億円以下	45%	2700万円
3億円超～6億円以下	50%	4200万円
6億円超	55%	7200万円

れる贈与財産」を足した後、「マイナスの財産」(債務)や「非課税財産」などを差し引き、純資産価額である「遺産額」を計算します。さらに、この「遺産額」に「相続開始前3年以内に贈与を受けた財産」を足し、課税価額である「正味の遺産額」を求めます。すべての法定相続人の「正味の遺産額」から、基礎控除額を差し引いたものが**「課税遺産総額」**です。これをもとに相続税を計算していきます(図10・11)。

相続税の計算手順は、以下の通りです。

①課税遺産総額を、まず法定相続分に分ける
②各法定相続分に対応する相続税率を掛けた金額から、控除額を差し引く

相続税の税率は、「課税遺産総額」を法定相続人ごとに分けた金額が大きいほど、税率が高くなる「超過累進税率」です。また、それぞれの金額によって控除額が定められています。税率と控除額は図12の通りです。

それらを合計した額が相続税の総額となります。これを実際に相続する割合で分けた金額が、相続人それぞれが払う相続税の額となります。

妻と子ども2人の計算例

少しわかりにくいので、相続人が妻と2人の子ども（長男・次男）というケースを例に計算してみましょう。

遺産額が1億2800万円だとすると、課税遺産総額は基礎控除額の4800万円を差し引いた8000万円です。それを法定相続分で按分すると、妻の取得金額は4000万円、子どもはそれぞれ2000万円です。そこから、それぞれの税額が計算されます。

ただし、この金額を納税するわけではありません。もう少し計算は続きます。

図13　相続税の総額の計算例

◆妻と子ども２人の場合

遺産額1億2800万円

各法定相続人の相続額

・妻の分

4000万円×20%－200万円＝600万円

・それぞれの子の分（長男・次男）

2000万円×15%－50万円＝250万円

・相続税の総額

600万円＋250万円＋250万円＝1100万円

これを実際の相続分に合わせて分ける

図14　相続税の総額の計算手順

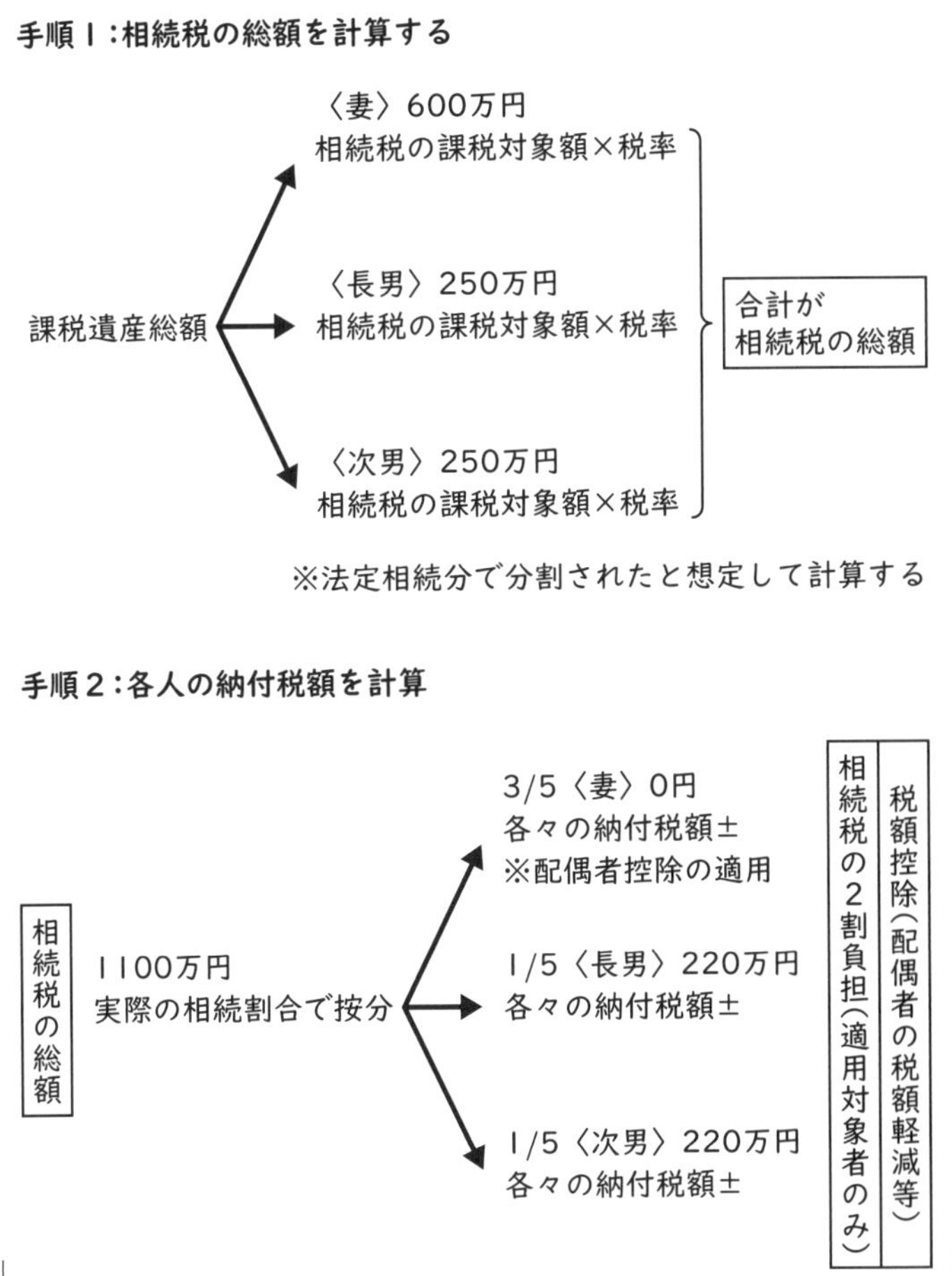

各々の相続人の税額を合計して相続税の総額を求めます（図13）。さらにこれを、各法定相続人が実際に遺産を引き継ぐ割合で分けます。遺言の指定によって、妻が5分の3、子が5分の1ずつ遺産を受け取るとすると、妻は1100万円×5分の3＝660万円、子は1100万円×5分の1＝220万円ずつとなります。ただし、妻は配偶者控除を使うことで、相続税は0円となります（図14）。

まだまだある控除・非課税の対象

こうして、各相続人が負担する相続税が決まるわけですが、課税遺産総額から差し引かれる控除は、基礎控除のほかにも様々あります（図15）。

強調しておきたいのが、**様々な特例を受けるために、税務署に申告が必須な場合があることです**。具体的には、配偶者控除や小規模宅地等の特例などがあります。黙っていて適用されるものではありません。控除や特例の利用で、計算上は相続税がかからないような場合でも、申告しない限りは相続税が発生してしまいます。実際に相続が発生した際には、申告を忘れないようにしてください。

図15　**様々な控除**

・未成年者控除
相続や遺贈のとき、①日本国内に住所があり、②20歳未満であり、③法定相続人であること。すべての条件を満たす場合は、未成年者控除を受けられます。控除額は、その未成年者が満20歳になるまでの年数×10万円です。

・障害者控除
相続や遺贈のとき、①日本国内に住所があり、②障害者であり、③法定相続人であること。すべての条件を満たす場合は、85歳未満であれば、障害者控除を受けられます。特別障害者は控除額が2倍になります。控除額は、その障害者が満85歳になるまでの年数×10万円です。

・相次相続控除
①相続人であり、②その相続前の10年以内に起きた相続により被相続人が財産を取得し、③その際に被相続人に相続税が課されたこと。すべての条件を満たす場合は、相次相続控除を受けられます。よって、相続人以外が遺贈によって財産を受けた場合には、控除は適用されません。

・外国税額控除
相続や遺贈のとき、①国外の財産を取得し、②その国で相続税に相当する課税をされたこと。すべての条件を満たす場合は、外国税額控除を受けられます。国内外で二重に課税されたことになるため、外国で納付した分を日本の相続税額から一定額まで控除できる制度です。

控除額が最も大きいのが**「配偶者控除」**です。配偶者は、実際に取得した遺産額が**1億6000万円までか、それを超えても法定相続分相当額まで**であれば、相続税はかかりません。

先ほどの例の通り、この控除によって妻は相続税を払わなくてよくなります。実際には、この範囲内に収まるケースがほとんどなのではないでしょうか。

また、各相続人の相続税から直接差し引かれる控除もあります。代表的なのが、未成年者控除と障害者控除です。これらも参考にしてください。

ほかに、大きな節税につながるのが「小規模宅地等の特例」です。これについては第3章で詳しくご説明します。

生きている間にお得にもらう

「贈与」とは何か

ここまで、相続税の算出方法についてお話ししてきました。控除や特例は条件を満たした上で、申告さえすれば適用されます。つまり、相続が起こってからでもできることです。もちろんそれだけでも問題はないのですが、生前からより積極的な節税対策をすることもできます。

まずは「贈与」です。贈与とは財産を与える人と受ける人との間の契約行為です。**生きている間に財産を渡すことを「生前贈与」、死後に遺言で贈与することを「遺贈」**といいます。このうち**生前贈与が、相続税の節税対策としては非常に有効**です。

贈与税の税額と特例

贈与には一定額を超えることで「贈与税」が発生します。贈与税の計算では、まず、その年の1月1日から12月31日までの1年間に、贈与された財産の価額を合計します。その合計額から基礎控除額110万円を差し引きます。

次に、その残りの金額に税率を乗じて税額を計算します。税率は、誰から誰への贈与なのかによって異なります。

20歳以上の人が、**父母や祖父母などの直系尊属から受ける贈与は「特例贈与財産」**と呼ばれます。**それ以外の贈与は「一般贈与財産」**です。贈与税も相続税と同じく超過累進税率であり、それぞれの税率と控除額は図16のようになります。

贈与額から基礎控除額を引いた額に税率をかけ、そこからさらに税率別の控除額を差し引きます。

例えば、成年の子が父から700万円の贈与をもらった場合には、「(700万円－110万円)×20％－30万円」で、贈与税は88万円発生することになります。

一方で、贈与税にも特例があり、その効果を最大限活用することが、相続税を抑えることにつながります。

まず取り上げたいのが、**「おしどり贈与」**です。これは、**結婚20年以上の配偶者から、居住用不動産かその購入資金の贈与を受けた場合に、基礎控除110万円のほかに2000万円までの控除を認める特例**です。

この特例を受けるためには、贈与を受けた年の翌年3月15日までに贈与を受けた配偶者がその不動産に住んでおり、その後も住み続ける見込みでなくてはなりません。また、一生に一度しか特例は受けられず、贈与税の申告が必要です。

図16　贈与財産の税率と控除額

一般贈与財産　一般税率

基礎控除後の課税価格	税率	控除額
200万円以下	10%	—
300万円以下	15%	10万円
400万円以下	20%	25万円
600万円以下	30%	65万円
1000万円以下	40%	125万円
1500万円以下	45%	175万円
3000万円以下	50%	250万円
3000万円超	55%	400万円

特例贈与財産　特例税率

基礎控除後の課税価格	税率	控除額
200万円以下	10%	—
400万円以下	15%	10万円
600万円以下	20%	30万円
1000万円以下	30%	90万円
1500万円以下	40%	190万円
3000万円以下	45%	265万円
4500万円以下	50%	415万円
4500万円超	55%	640万円

毎年少しずつ贈る

「暦年課税」の贈与

贈与税の課税方法には「暦年課税」と、「相続時精算課税」があります。それぞれの課税方法での節税について考えていきます。

「暦年課税」は、1年間に贈与された財産の合計額に応じて課税されるものです。贈与された人1人当たり、毎年110万円の基礎控除が受けられます。この基礎控除を超えなければ、贈与税はかかりません。

110万円の枠内で少しずつ贈与を続ければ、贈与税の発生を避けながら、相続財産を減らすことができます。その結果、相続発生時の相続税を抑えられます（図17）。

先ほどの700万円の贈与の例では、一度に700万円を贈与して発生する贈与税は88万円でした。これを毎年110万円ずつ、7年かけて生前贈与を行えば、贈与税がゼロになります。

やはり、早めの対策が必要なことが、おわかりいただけるのではないでしょうか。将来的な遺産総額を計算してみて、相続税が課されそうなら、早めに基礎控除の範囲内で暦年課税の贈与を続けましょう。

また、この方法であれば財産を渡す相手を選びません。お世話になった人など、相続できない相手にも財産を渡すことができます。特に、同居している子どもの妻に贈るケースもよくみられます。

図17　暦年贈与の仕組み

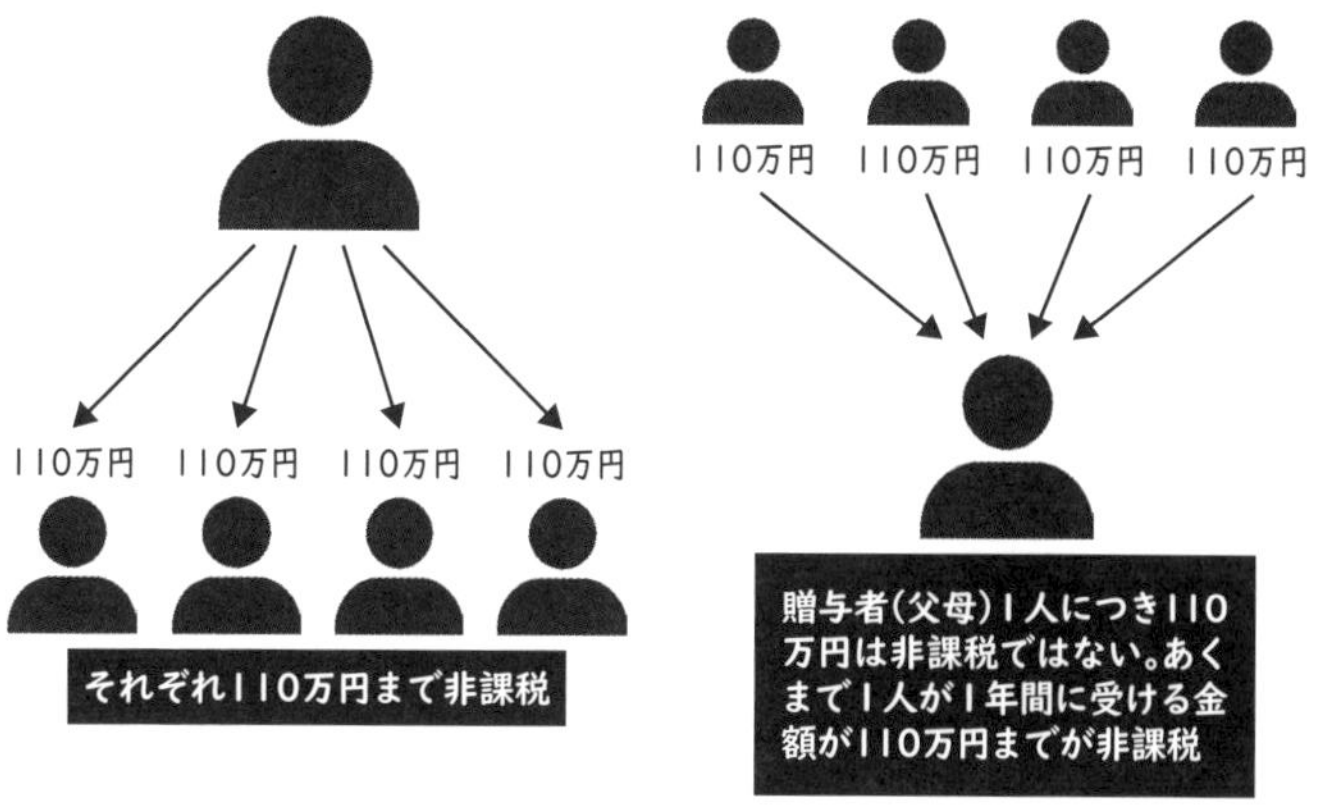

暦年贈与の注意点

暦年贈与は有効な相続税対策ですが、注意も必要です。まず、**相続開始前3年以内の贈与は、相続税の課税遺産額に加算する**という決まりがあります。この規定は、基礎控除110万円の範囲内の贈与でも適用されます。つまり、相続開始前3年以内の贈与には、110万円以内であるかどうかに関わらず、贈与税が発生します。

また、毎年**繰り返し基礎控除の範囲内で贈与（連年贈与）を行っていると、まとまった額の贈与が計画されていたとして控除が適用されず、贈与税が課されてしまう**ケースがあります。これは税務上**「定期贈与」**と呼ばれます。例えば、毎年100万円の贈与を10年続けた場合には、当初から1000万円に贈与することが計画されていたとして、総額の1000万円に対して贈与税が課せられます。

定期贈与とみなされないようにするために、年ごとに贈与額を変える方もいますが、肝心なのは**毎年しっかりと贈与契約書を作成しておく**ことです。

まとまった金額を渡したいときは

「相続時精算課税」の贈与

贈与税のもう１つの課税方法が、**「相続時精算課税」**です。これは、**60歳以上の父母または祖父母、20歳以上の子または孫に対して贈与した場合に選択できる税制**です。これを選択すると、最大２５００万円（夫婦で５０００万円）まで贈与税が控除されます。

ただし、贈与者が亡くなった際には、この贈与額を遺産額に加えて相続税の課税対象とします。つまり、贈与税がかからなくても、相続税はかかるということです。そのため節税対策に直結はしませんが、まとまった金額を一度に贈与することで、その資金を有効活用できたり、事前に相続争いを防止できる点などはメリットといえます。

相続時精算課税制度は一度選択すると取り消せないので注意が必要じゃ。また、暦年贈与の110万円の基礎控除が使えなくなり、これで土地を贈与した場合は、小規模宅地等の特例も使えなくなるぞ。この制度を利用するときはよく考えることじゃ。

生前贈与を受けていても相続放棄できるのか

相続時精算課税を利用すると、贈与税が控除される代わりに相続税が課税されるというのは、前述の通りです。

また、第1章では相続放棄についてお話ししました。この2つを合わせると、被相続人の生前に相続時精算課税で贈与を受けておき、相続時には相続放棄をすることで相続税も払わなくていい、とできそうです。このように、都合のいいことは許されるのでしょうか。

結論としては、相続放棄はできます。ただし、**相続放棄をしても、相続時精算課税の効力がなくなるわけではありません**。つまり、贈与を受けた部分に限っては相続したものとみなして、相続税が加算されます。

例えば、相続時精算課税制度で２５００万円の控除を受けていた場合には、相続放棄をしたとしても、その２５００万円は相続税の課税対象となるということです。ただ、生前贈与を受けていても相続放棄できるとなると、場合によっては悪用される可能性があります。

例えば、夫が大きな借金を抱えていたとします。借金が返済できない場合、通常、持ち家が競売に出されて返済に充てられることになります。ところが、夫が持ち家を配偶者に生前贈与しておき、夫が亡くなったときに配偶者が相続放棄をすれば、負債を相続することなく、持ち家は配偶者のものとして残ります。金融機関は差し押さえをすることができなくなってしまうわけです。

こうした生前贈与の悪用を防ぐためにあるのが、「詐害行為取消権」です。この贈与が行われると債権者が困るとわかっていながら贈与された場合、債権者が債務者の行為を一定の要件のもとで取り消せる権利です。先ほどの例に当てはめると、債権者である金融機関は、詐害行為取消権により生前贈与を取り消し、債務者の借金の返済に充てられるということになります。

生命保険が節税に効く

1人当たり500万円が非課税に！

有効な節税対策として、次に生命保険の活用です。

先述した通り、生命保険金は**法定相続人1人当たり500万円までが非課税**になります。これには、生命保険金の受取人の人数は関係ありません。例えば、相続人が妻と2人の子どもで、生命保険金の受取人が妻のみだったとしても、3人分の1500万円が非課税となります。ただし、非課税枠を使えるのは、受取人が法定相続人だった場合に限られるので、その点には注意が必要です。

先にご紹介したように、暦年課税の非課税枠は年間110万円です。これに比べると、生命保険は一度の加入のみで多くの節税効果が得られます。節税対策が必要な場合には加入しておくことをおすすめします。

受取人は配偶者以外にしておく

この節税法には1つポイントがあります。それは、配偶者以外を受取人にする契約が効果的だということです。ここで思い出していただきたいのが、配偶者控除です。配偶者は1億6000万円以下、もしくは法定相続分までは相続税がかかりません。一方で、子どもにはそうした優遇措置はありません。

父親が亡くなり、生命保険金を母親が取得したとします。その額が配偶者控除の範囲内であれば相続税がかからないわけですが、その生命保険金を使い切らないまま、母親が亡くなった場合はどうなるでしょうか。この場合、母親が亡くなった時点でその残った現金を子どもが相続することになり、当然、相続税が発生します。もともとは生命保険金であっても現金として扱われ、生命保険金の控除は適用されません。

しかし、父親が亡くなる前に子どもを生命保険金の受取人とする契約にしておけば、相続税の申告のときに1人当たり500万円の非課税控除を有効に利用することができます。

非課税になる金額は、受け取る保険金の割合に応じて分配されます。例えば、母親が１０００万円、長男が１０００万円、長女が１０００万円の保険金を均等に受け取った場合には、非課税になる金額は、母親５００万、長男５００万、長女５００万です。一方、受取金額が母親２０００万円、長男５００万円、長女５００万円だと、非課税になる金額は母親１０００万、長男２５０万、長女２５０万となります。

ここで配偶者控除です。前述の通り、配偶者は１億６０００万円以下、もしくは法定相続分までは相続税がかかりません。母親は保険金を受け取らず、長男が１５００万円、長女が１５００万円受け取ったとします。すると非課税になる金額は、それぞれ７５０万円ずつです。一方の母親には預貯金を相続させれば、１億６０００万円まで相続税はかかりません（図18）。

もちろん、生命保険の本来の目的は、残された家族の生活のためです。**配偶者に十分な預貯金を残せることが前提**になります。その上で、相続税のことを考えると、預貯金は配偶者が相続して、生命保険金を配偶者以外の相続人が受け取った方がよいといえるのです。

図18　非課税になる生命保険受取金

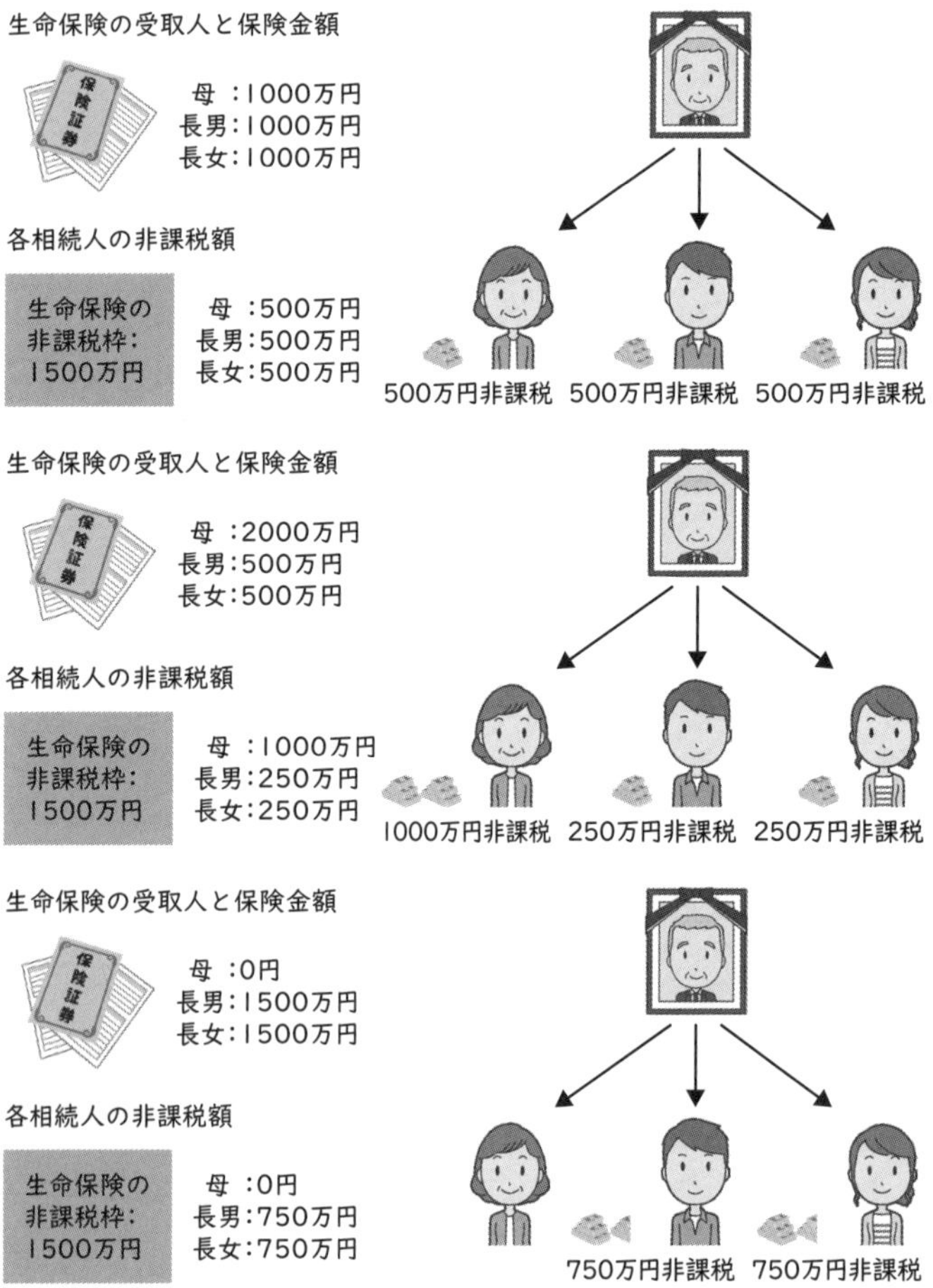

税務署は甘くない

申告しなかったらどうなるのか

後述しますが、相続税の申告期限は10カ月です。もし、この期間中に申告しなければどうなるのでしょうか。

この場合、「無申告加算税」が課されます。わざと申告しなかった場合はもちろん、申告を忘れていたり、相続税が発生しているけれど基礎控除額を超えずに非課税だと思い込んでいたりなど、**悪意がなくても同じように課せられます**。

無申告加算税は相続税に加えてペナルティとして納めなくてはならない税金で、税率は５％です。ただし、これは期限後に税務署から調査通知が来るまでに申告した場合であり、**その後はさらに税率が高くなります**。納付すべき税額に対して、50万円までは15％、50万円を超えると20％です。

さらに申告が遅れて課せられるのは、無申告加算税だけではありません。「延滞税」も課されます。**延滞税とは税金が期限までに納付されない場合に課される追加課税**で、税率は原則として、納付期限から2カ月以内は年7・3％、2カ月を超えると14・6％にもなります（ただし、特例基準割合の適用あり）。

相続税がすぐに払えないときは

相続税は、金銭で一括納付するのが原則です。それが難しい場合には、**相続財産の一部を売却して納税資金に充てる**方法があります。特に、相続財産の大半が不動産の場合は納税資金が不足しがちです。そうしたケースでは、不動産の売却により現金化して、納税資金にする方法がよく採られます。

それでも相続税を納められなければ「延納」が可能です。延納の申請をすれば、年賦で納付することが認められます。

ただし、相続税額が10万円を超えていることが条件で、延納期間中は利子税を納付しなくてはなりません。また、延納税額が１００万円を超えるか、延納期間が3年を超える場合には、担保も必要です。どれだけの期間延納できるかは財産の内容によって異なりますが、最高で20年です。

さらに、**延納によっても納付が困難な場合には、「物納」が認められるケースもあります**。これは税金を金銭以外のもので納入することで、対象となるのは、不動産、船舶、国債証券、地方債証券、株式、美術品やその他の動産も含まれます。

また、納税したくても、**相続税の納付の期限までに遺産分割協議がまとまらない場合には、法定相続分で相続したものとみなし、相続税を算出して一旦その金額で納付する**方法が採られます。その後に協議がまとまったら、改めて相続税を計算し直して、納付した額が計算よりも少なければ差額を納税する「修正申告」を、多すぎたら差額を還付してもらう「更正の請求」を行うことになります。

10件のうち1件に税務調査が入る

相続税が発生する相続が起きた場合、税務署による税務調査（実地調査）が入る場合があります。国税庁の発表によると、平成30事務年度（2018年7月～2019年6月）の相続税の課税対象件数約10万6000件のうち、税務調査は1万2463件でした。10件のうち1件は税務調査が入った計算になります。

そしてこのうち1万684件、85・7％というかなり高い割合で申告漏れなどの問題が見つかりました。それにより追加で納付を求めた金額、追徴課税の合計は708億円にもなり、実施調査1件当たり568万円だったということです。

どういった家庭が調査対象となるのかは定かではなく、金融資産や不動産などの個人の財産状況のデータベースや、税務調査官の経験に基づき選ばれているようです。

相続が発生すると、「相続についてのお尋ね」という封書が送られてくることがあります。これは、自身で申告が必要かどうかをチェックするための書類なのですが、相続が発生したすべての家庭に送られてくるのではなく、相続税が発生しそうな家庭のみに送られてきます。それはつまり、税務署が相続の発生や相続財産の内容を、ある程度把握しているからに違いありません。では、なぜ税務署はそんなことがわかるのでしょうか。

まず、家族や親族から市区町村に死亡届が提出されると、その情報が税務署に伝達されます。さらに税務署は、亡くなった人の財産を調べ、相続税の課税対象となりそうか否かを判断します。例えば、所得税の確定申告を情報源として、税金を多く納めていたなら、多くの財産を持つと予想されるのです。

このような流れで税務署は相続について把握するわけですが、それなら、税務署から**「相続についてのお尋ね」が届かなければ、相続税を申告しなくても見つからないのかというと、そうではありません**。例えば、相続により不動産の名義を変更する登記をすると、その情報を登記申請した法務局から税務署が把握できるようになっているなど、税務署は様々な税金に関する多くの個人情報を持っています。**申告漏れはほとんどのケースで露見する**と考えておくべきです。

コラム +1

新型コロナは不動産業界にどう影響するのか②

新型コロナウイルスが、不動産の流通状況にどれだけのマイナス影響を与えているか、実際のところは未知数です。

確かにオフィスの空室率は上がりましたが、ビルの老朽化による建て替えで再開発が行われ、新築オフィスの供給が増えているタイミングにありました。オフィスの空室率の上昇が、コロナだけの影響とは一概にはいえません。

東京への流入人口は減少しているものの、あくまで外国人の流入が減少しただけで、日本人の流入自体は減少していないという統計も出ています。

また、居住用不動産への直接的な影響は、現在のところ確認できません。東京から郊外に移り住む人は、世間でいわれているよりも実際には少ないのかもしれません。

不動産流通に新型コロナがどう影響するか、その予想を立てるのは難しいというのが正直なところです。本書の執筆時点では第4波への警戒も呼びかけられていて、長期化する可能性もあります。慎重に状況を見極めていくべきでしょう。

第3章

不動産の扱い方に要注意！

トラブルの主な原因は不動産

相続税を払えなくなる？

相続を通して、家族同士が争ってしまうことは少なくありません。また、必要以上に税金を払わなければいけなくなることもあります。読者の皆様も、できる限りそうしたことを避けたいと思っているのではないでしょうか。スムーズに相続を行い、最大限の節税対策をするためには、不動産の相続をいかに上手に行うかにかかっています。というのも、**相続財産のうちの多くを不動産が占めているから**です。

国税庁の統計によると、相続財産の金額の構成比で不動産の割合が30%を超えています（図19）。不動産はそれほど遺産の中での比重が大きい分、取り組むべき相続対策の中心ともなるのです。

また、**不動産が遺産に含まれる場合には、相続税の支払いが大変になる**ことがあり

図19　相続財産の金額構成比の推移

出典：国税庁ホームページ
(https://www.nta.go.jp/about/organization/takamatsu/release/hodo/hodo_r01/souzoku_shinkoku/index.htm)

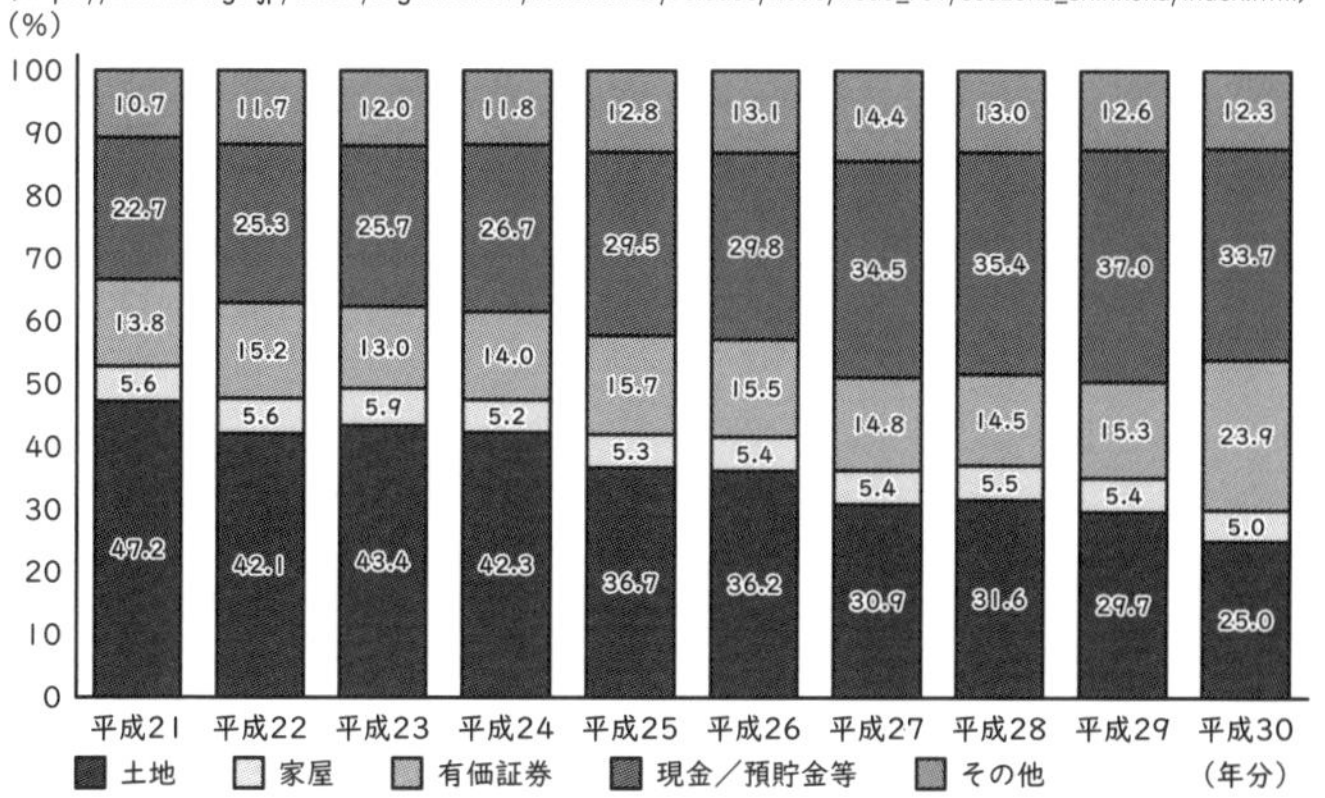

ます。例えば、1億円の遺産総額のうち、不動産が8000万円あったとします。相続税を預貯金だけで賄えなければ、相続税を納めることができません。

さらに、不動産は評価方法の選択によって価格が変わり、遺産分割協議で前提としていた金額と実際の金額が異なることがあります。また、複数人で不動産を共有しても物理的に分けられないといった点も、相続をより複雑にさせています。

それら相続税や、評価の方法、分け方の問題をどうすれば解決できるのか。この章ではそうした点を中心にお伝えしていきたいと思います。

不動産を「みんなで分ける」のは注意！

事例

Aさんは、父親が亡くなり、実家を弟と2人で相続しました。母親はすでに他界しており、2分の1ずつの相続です。実家はとりあえず自分が居住用として使い、将来的には売却しようと考えていました。すぐに弟も亡くなり、実家の弟の所有分はその妻と3人の子どもがそれぞれ法定相続分に分けて相続しました。結果的に5人もの共有名義です。弟の葬儀などもひと段落し、自宅を売却しようと考えたAさんは弟の家族に相談しました。すると、甥に「まだ売るべきじゃない」と反対されてしまいました。Aさんとしては早く売ってしまいたいのですが……。

不動産相続の問題事例として、**共有名義に起因するトラブルは典型的**です。不動産を共有していると、不動産を売りたいと思っても、共有者全員が同意しなければ売却できなくなります。また、不動産を貸そうとするときも、全員の同意が必要になります。

不動産は現金のように簡単には分けられないため、相続人が複数いる場合は、法定相続分に応じて共有で相続することもあります。しかし、この事例のように不動産を共有していると、収拾のつかない事態が起こりがちなのです。そうした理由から、安易に共有名義にするのは避ける方が賢明です。

相続した不動産を売却したくても、関係性の遠い親族など、共同相続人と連絡が取れないこともあるだろう。しかし、あきらめるのは早いぞ。そうした場合には、家庭裁判所に「不在者財産管理人」を選任してもらい、行方不明の相続人の代理を務めてもらうことができるのじゃ。

不動産をどう相続すればいいのか

「代償分割」と「換価分割」

簡単には分けられない不動産を、どのようにして相続すればいいのでしょうか。先ほどの「共有」も1つですが、トラブルの原因となります。ここでは「代償分割」と「換価分割」を考えてみます。**代償分割とは特定の相続人が不動産を単独で相続してほかの相続人に対して代償金を現金・その他の財産で支払う方法**、**「換価分割」とは不動産を売却した上で現金を分ける方法**です。不動産を相続して所有することを希望する相続人がいれば、代償分割を考えましょう。しかし、ほかの相続人へ現金を支払う必要があるため、しっかりとした計算が必要です。

ただし、これらは遺産分割協議書の書き方に注意が必要です。換価分割については、相続人のうち1人が一旦不動産を相続してその売却代金を分け合う、という考え方から、ただ「長男が相続する」とだけ記載してはいけません。これでは、長男が得た売却代金をほかの相続人にあげた、すなわち贈与として扱われてしまうのです。当然、贈与税が発生します。これを避けるためには、「長男の名義に相続登記をして換価し、売却代金を共同相続人で均等に分配する」旨を明示するのが正解です。

代償分割についても、税務署の取扱いは同じです。そのため、「長女が不動産を取得する代償として、次女に金○万円を支払う」旨を明示しないと、贈与税を課されることに注意しましょう。

遺産分割協議には、時間がかかるケースが多い。もし、相続財産に賃貸アパートが含まれていたら、その間にも賃料収入は発生する。この利益は法定相続分に応じて取得することになるんじゃ。

税金を考えると売らない方がお得

不動産を相続しても相続税を払えない、代償分割をするだけの現金もない、ということであれば、必然的に不動産を売却することになるでしょう。

一方で、それらの金銭的な問題をクリアできるなら、そのまま所有した方がいいのでしょうか。それとも売ってしまった方がいいのでしょうか。

建物の相続税評価額は、納税通知書に記載がある「固定資産税評価額」が用いられます。また、市街地にある土地は、国税庁の「路線価」×敷地面積が相続税の評価額とされます。

建物の評価額は、市場で実際に取り引きされている「実勢価格（時価）」の7割程度に設定されていて、土地は実勢価格の8割程度です。つまり、不動産が実際に売買される価格よりも、相続税における不動産の評価額の方が低くなります。

そのため、不動産を売却せずそのまま相続した方が、相続税は抑えられることになります。

持ち家を売却せずに不動産のまま相続するとします。例えば、土地は４０００万円、建物は１４００万円で合計５４００万円が相続税評価額です。これを売却すると、土地５０００万円、建物２０００万円になりました。売却価格は土地建物合計で７０００万円。これはあくまで一例ですが、イメージとしてはおわかりいただけると思います。

さらにいえば、建物の固定資産税評価額は年々下がります。新築時よりも時間が経てば経つほど、実勢価格との差が開くので相続税も安くなるのです。

自己居住用の不動産よりも、賃貸用の不動産の方が評価額は低くなる。さらに、賃貸用は空き屋の割合が低いほど評価額が下がる。一般的な感覚とは逆じゃな。

不動産の価格はどう決まるのか

実際の金額より税金の評価額は低い

Bさんは3人兄弟の末っ子です。父親の遺言により長男が賃貸マンションを単独で相続し、次男とBさんが預貯金を相続しました。遺言書では賃貸マンションの価格が固定資産税評価額で計算されており、長男の取り分が多いとは思いましたが、そのくらいの価格なら仕方ないと納得しました。

しかし、後々調べてみると、そのマンションは人気物件でした。実勢価格は固定資産税評価額の倍近い金額です。その額で改めて遺産分割を計算してみると、Bさんと次男の取り分は遺留分を下回る金額でした。

しかし、すでに遺産分割協議は終わっています。Bさんと次男は遺留分を取り戻すことはできないのでしょうか。

不動産は実際に売買される金額よりも、税金としての評価額が低い。まずは、このことをメリットとした節税対策をお話ししましたが、これは一方で、相続時のトラブルの要因にもなります。

前述したように、相続税の計算では固定資産税評価額や路線価が用いられます。しかし、遺留分が侵害されているか否かは、実勢価格（時価）で判断されます。**遺言上での金額は遺留分の侵害がなくても、実勢価格で計算してみると、遺留分が侵害されている可能性がある**ということです。この事例の場合でも、遺留分を請求することができるのです。

遺産分割の計算方法は決まっていない

不動産が相続財産に含まれている場合、前提として不動産価値がいくらであるのかがわからなければ均等に分けられません。そこで、不動産価格の算定が必要になるのですが、不動産の相続税評価額が定められている一方で、遺産分割協議における不動産価値は算定方法が定められていません。算定にはいくつかの方法があり、遺産分割協議をする際にいずれの方法を使うかは、相続人の選択に委ねられているのです。

このことからトラブルが起こりがちです。

遺産分割協議で不動産仲介業者の査定を用いることもできるのですが、不動産仲介業者が行う査定は実務家による査定という点で説得力がある半面、**評価の操作ができてしまう**ので要注意です。

例えば、ある相続人が不動産仲介業者に不動産価格の査定を依頼したところ、その相続人に有利なように査定書が作られた。その評価をもとに遺産分割協議をして、ほかの相続人が損をする、といったケースは少なくありません。

トラブルを避けるためには、なるべく公正な算定方法を用いたいものです。遺産分割協議で使われることが最も多い算定法は相続税評価額です。土地は路線価、建物は固定資産税評価額となりますが、これらの評価額は役所が決めるものであり、公正だからです。

しかし、先ほどお話ししたように、**相続税評価額は実際の売買金額よりも低く算定**

されます。そのことを知っている相続人がいれば、相続税評価額を使うことに反対するかもしれません。ただ不動産をどの算定方法で評価するかが決まらずに、調停・審判へと進んでしまうというケースもあります。

そうした場合、**「不動産鑑定評価」**を用いる方法もあります。これは国家資格である不動産鑑定士が行う不動産の評価なので、最も信頼性が高く、遺産分割調停や審判でも採用されています。費用はかかりますが、算定方法でトラブルが起きそうであれば、この方法を考えてみましょう。

「不動産登記」を忘れずに

登記を忘れるとトラブルの原因に

不動産を相続する予定がある場合、きちんと親の代まで「不動産登記」ができているかどうか、事前に確認しておきましょう。

不動産登記とは、不動産の情報を公の帳簿（登記事項証明書）に記載して一般公開することです。登記事項証明書には、不動産の所在や面積、所有者の住所や氏名などが記載されます。権利関係の状況などを誰にでもわかるようにして、不動産取引の安全や円滑を図るための制度です。

相続した不動産の登記「相続登記（名義変更）」は、今後2023年頃に義務化される可能性が高いのですが、これまでは手続きの期限は定められていませんでした。費用もかかるため、先延ばしにされがちです。

例えば、父が亡くなり、子が引き継いだ不動産の相続登記をしようとしたところ、不動産の名義が父ではなく既に亡くなっている祖父のままになっていた。こうしたケースは多くみられます。

この場合、祖父の法定相続人が父以外にも複数いれば、不動産を相続する権利を主張する人が増えてしまいます。これがトラブルの原因になります。

まず、相続登記には、代表的なパターンとして「遺産分割」「法定相続」「遺言」、それぞれによる登記があります。遺産分割による登記であれば、遺産分割協議書が必要になります。法定相続による登記であれば協議書は必要ありませんが、法定相続分でしか分割できません。遺言による登記は、もちろん遺言書がなければできません。

つまり、法定相続分を超えて不動産を相続したい場合は、遺言があればいいのですが、そうでなければ遺産分割協議が必要になります。ということは、共同相続人全員の同意が必要になるわけです。

ところが、世代交代が進んでいると、その度に相続人が増えて連絡も取りづらくなり、なかなか同意を得られません。さらに、離れた世代からの登記になると、取得しなければならない戸籍が増えるため、手続きが非常に煩雑になります。

父なら祖父の法定相続人と親交があり、名義変更に協力するよう頼みやすくても、子になると、それらの人の連絡先さえ知らないことも多く、やりとりが難しくなりがちです。

名義人が親でなければ早めに名義変更してもらう

相続してそのまま売る場合でも、一旦は登記しなければ売却できません。親の持つ不動産について、**名義人が親になっているかを早めに確認**しておきましょう。そして、親の名義になっていなければ、親が元気なうちに、親へと名義を変更する相続登記をすませてもらっておきましょう。

また、相続する不動産が戸建てなら、隣の土地との敷地の境目「境界」が確定しているかどうかも確認すべきです。もし確定していないと、いざ土地を売りたいときに売買が成立しないケースも多いので、この手続きも早めにすませられると安心です。

親が隣地を所有する人と関わりがあるなら、子より親が手続きする方が隣地所有者の協力を得やすく、スムーズに進む可能性が高いはずです。それに、もし親と隣地所有者との間で境界線について何か取り決めがされていたら、親が亡くなってからでは「取り決めなんて知らない」と言い張られてしまうかもしれません。そうしたトラブルを避ける意味もあります。

登記しなければ奪われるかも？

事例

Cさんは夫から賃貸用アパートを相続しました。遺言書にも「不動産は妻に相続させる」としっかり指定があります。しかし、息子がそれを無視して、不動産の名義を自分に変えた上で、第三者に売却してしまいました。取り戻すことはできるのでしょうか。

第１章でもお伝えしたように、２０１８年7月の相続法改正により、遺産分割の場合はもちろん、遺言による場合でも、相続登記が第三者への対抗要件になりました。
対抗要件とは、当事者間の権利関係を第三者に対して法的に主張できる効力で、登記によりこれが生じるということです。これにより、法定相続分を超える部分も含めて相続したと第三者に対抗できることになります。

つまり、**相続登記をしないままでいると、法定相続分を超える持分については第三者に権利の主張ができません**。結果的に、遺言や遺産分割により取得していたはずの不動産を失う恐れがあります。

この例の場合、息子が名義変更する前に妻が登記をしていたのであれば、遺言通り不動産を取り戻すことができます。しかし、妻の登記よりも先に息子が自分名義に登記をして、その上で第三者に売却したとします。その場合、妻は自分が遺言通りに不動産を相続したとの主張ができないため、法定相続分を超える持分については取り戻すことができません。

こうした点からも、**相続時には登記を忘れない**ようにしましょう。

相続登記の義務化

これまでは、不動産などの登記をすることは義務ではありませんでした。しかし、2023年度には、相続の登記や登記名義人（個人・法人）の住所氏名の変更登記が義務化される予定です。

これは不動産の登記がされていないため、所有者が不明だったり、連絡が取れないといった「所有者不明土地」が全国で410万ヘクタールを超えており、なんと九州の面積を上回っていることに起因しています。

これでは、国や自治体が公共用地として使いたいときや災害対策工事を進めたいときでも買収ができませんし、民間でも空き家の売却ができなかったり、土地の有効活用もできないという困った状況が現在まで続いています。

そのため、2021年3月5日に、政府は、民法・不動産登記法の改正案を閣議決定し、今国会での成立を目指しています。登記に関する改正案としては、①相続で不動産を取得することを知ってから3年以内に登記をしないと、10万円以下の過料がかかること、②遺産分割協議がまとまらないときは、申告すれば分割の日から3年以内に登記をすれば良いこと、③住所氏名を変更したときは2年以内に登記をしないと、5万円以下の過料がかかることなどが定められています。

そのため、今後は、相続登記をしていないことを原因とするトラブルは減っていくと思われます。ただし、まだ現時点で**相続の登記が終わっていない場合は、司法書士に相談する**などして、なるべく早めに登記をすませておくことをおすすめします。

自宅の相続税を減らす制度

相続税の評価額が８割減！

ここで、不動産に関連する相続税の節税について触れておきます。

不動産関連の相続税対策の代表格は、**「小規模宅地等の特例」**の利用です。この特例の１つに「特定居住用宅地等の特例」があり、残された配偶者や子どもたちが、相続税の支払いのために生活の基盤となる家を手放さなくてもいいようにするための制度です。被相続人が亡くなる直前に居住用として使っていた宅地「特定居住用宅地等」を、配偶者か同居していた子が相続した、などの一定の要件を満たせば、３３０平方メートル（１００坪）までの土地について、相続税評価額を８割減らせます。

小規模宅地等の特例では、ほかに、被相続人が事業用として使っていた「特定事業用宅地等」、被相続人の同族会社などの法人が事業用として使っていた「特定同族会

図20　小規模宅地等の特例

相続する土地の種類	減額が適用される条件	減額される面積の上限	減額の割合
①住宅用 特定居住用宅地等	・配偶者 ・同居の親族がその後も住む ・別居の親族がもらって住む	330㎡	80%減
②事業用 特定事業用宅地等、 特定同族会社事業用宅地等	事業を相続人が受け継ぐこと	200㎡ または 400㎡	50%減 または 80%減
③貸付用 駐車場や賃貸マンション等 貸付事業用宅地等	貸付を相続人が続けること	200㎡	50%減

①の別居の親族が相続する場合は、本人またはその配偶者が３年以内に持ち家に住んでいないことなどが条件

合計で最大730㎡まで80%減額
家と会社をいっしょに相続しやすくなった

社事業用宅地等」、被相続人が貸付事業を行っていた「貸付事業用宅地等」を相続や遺贈により取得した配偶者または親族についても軽減が認められます。要件や評価額の減額の割合はそれぞれ異なります（図20）。

どんな条件を満たしていれば適用されるか

小規模宅地等の特例のうち、居住用の宅地に関する「特定居住用宅地等の特例」の要件について詳しく見ていきましょう。

この特例は、被相続人が居住していた宅地が対象で、**優遇を受けられるのは、まず被相続人の配偶者**です。この場合は、無条件で適用されます。また、**同居している親族も、相続税の申告期限までその宅地に居住・所有していれば適用**されます。

同居が要件となっていますが、被相続人が要介護認定などを受け、介護施設で暮らしている場合でも、自宅の売却や賃貸をしていなければ同居と認められます。二世帯住宅で暮らしていても、２つの不動産として分けて登記する「区分所有権登記」をしていなければ、同居に該当します。

それらに**該当する相続人がいない場合、次の要件を満たす相続人にも適用**されます（ただし、外国籍で日本に住んでいない場合は制限があります）。

①相続開始前3年以内に、本人、本人の配偶者や3親等内の親族、本人と特別の関係がある法人が所有する家屋に居住したことがないこと（相続開始の直前において被相続人が居住していた家屋を除く）

②相続開始時に本人が居住している家屋を、相続開始前に所有していたことがないこと

③相続税の申告期限までその宅地を所有していること

ちなみに、従来、この制度では①の条件に「本人の3親等内の親族、本人と特別の関係がある法人」は入っていませんでした。また、②の条件もありませんでした。そのため、適用を受けるために実質的に子どもに持ち家があったとしても会社名義にするなど、悪用する人が多くいました。そこで、２０１８年の税制改正で見直されることになったという経緯があります。

相続した家をどう扱うか

愛着があれば住もう

不動産を相続すると、その後住むか売るか、もしくは貸すのか、どのように扱えばいいのか迷う人も多いと思います。いろいろな考え方がありますが、ここではそのことについて考えてみましょう。

相続税を支払うだけの資金があることが前提になりますが、その家に愛着があるのなら住んだ方がいいと思います。先祖代々の家で、自身も幼いころからそこで暮らしてきた。そんなかけがえのない家は、お金に換えることのできない価値なのではないでしょうか。

一方で、相続した家というのは、家族構成やライフスタイルに合わないなど、何かと不便を感じることも少なくありません。そうした場合には、無理にその家に住もうと考えず、売却や賃貸に回すのも方法です。

古い家を売る場合は、費用をかけてでも少し手入れをすると、売却がよりスムーズです。リフォームできれいにしてから売る方が買い手はつきやすく、また、売値も上がります。

併せて、建物に欠陥がないかを調べる「ホームインスペクション（建物状況調査）」もおすすめです。ホームインスペクションとは、国土交通省の定める講習を修了した建築士が、建物の基礎や外壁など構造耐力上の主な部分や、雨水の浸入を防止する部分などの不具合の状況を把握するための調査です。

あらかじめ売却物件の状況を確認することで、引き渡し後に欠陥が発見されクレームになるといったトラブルを回避できます。また、買い手としても安心して物件を購入できるので、売り手は売却しやすくなるといえます。

売り急ぐ必要がなければ「当面は賃貸」もあり

相続した家に住まないけれど、急いで売らなくても相続税は払える。そうした場合は、賃貸にしておくと家賃収入が得られていいかもしれません。特に、すぐに売ってもしばらくしてから売っても**売値が大きく変わらないと見込めるなら、その間は人に貸しておくのが得策**です。

また、前述したように、不動産の相続税の評価は実際の売却価格よりも下がります。そのため、配偶者が相続して**遠くないうちに子どもが相続する時期になるというような場合には、売るのでなく所有しておいた方が子どもが払わなくてはいけない相続税も安くなります**。そうした場合には、賃貸を検討してみるのも1つだと思います。

賃貸にする際の注意点として、**「普通借家契約」か「定期借家契約」のどちらにするかは、事情に合わせてよく考えるべき**です。

普通借家契約とは、契約期間満了時に借主が更新を希望すれば、原則契約が更新されます。正当な事由がなければ、貸主は更新を断ることができません。売却や自己居住をしたくなっても、スムーズにはいきません。一方の定期借家契約には契約の更新がなく、契約期間満了時に契約が終了します。

自身や子どもがゆくゆくはその家に住む計画があったり、あるいは物件が古くなってきたタイミングで売却するつもりなら、定期借家契約を選択しておくようにしましょう。

相続した実家がまさかの欠陥住宅だったら

事例

1000万円の実家を相続したDさん。弟のEさんは現金で1000万円を相続しました。しかし、後に実家の老朽化が見つかって、大掛かりな工事が必要となりました。修理費用は900万円。それが最初からわかっていれば、実家を相続なんてしなかったのに……。

不動産を相続する場合、こうした「隠れた瑕疵《かし》（欠陥や傷）」が潜んでいるリスクもあります。子どもに実家を継いでほしいと考えていても、古い家であれば嫌がられるかもしれません。

こうした場合にも、不公平な結果にならないよう担保責任が定められています。この例でいえば、９００万円の修理代のうち、４５０万円を損害賠償請求できるのです。また、分割協議で把握していた坪数が、実際より少なかった場合なども、同様に損害賠償請求できます。

損害賠償請求は、瑕疵に気づいてから1年以内に限られています。瑕疵の存在に気づかなかったとしても、引渡しのときから10年以内に限られます。期間には気をつけましょう。

瑕疵担保責任は、被相続人の意思により遺言で減免することもできます。

１０００万円相当の実家だとして、遺言で「長男に実家を相続させる。現金２０００万円は、長男に４００万円、次男に８００万円、長女に８００万円相続させる。なお、長男が取得した財産に瑕疵がある場合は長男の負担として、次男と長女には負担させない」旨を書きます。
そうすると、仮に600万円の修理代が必要となった場合でも、次男と長女と同額になる（実家1000万円＋現金400万円－修理費用600万円＝800万円）ため、修理代でもめることはなくなります
もちろん、ほかの兄弟がそもそも遺言内容に納得してくれるか、遺留分は確保されているかはよく考えておく必要があります。

お金にならない不動産を相続する場合

空き家で持つか更地にするか

事例

Ｆさんは一人息子。田舎に住む一人暮らしの父親がなくなり、相続が発生しました。財産は現金１０００万円と実家。Ｆさんは都会に自宅を持っており、実家に住むことはこれからもなさそうですが、現金と合わせて相続しました。地方にある家なので大した価値にはならないだろうけれど、売れば何かしらの足しにはなるだろうと考えていたのです。

しかし、なかなか買い手がつきません。賃貸に回そうかとも考えましたが、すでに老朽化していて現実的ではありません。このままでは、毎年固定資産税を払い続けなければならず、また空き家のまま放置しておくのも心配です。

こうした事例は珍しくありません。相続した不動産を売却するとき、それなりの金額になればいいですが、そうとは限りません。二束三文にしかならず、売却で発生する税金や登記費用などの実費を差し引けば赤字になることもあります。古くて立地が悪いなど、なかなか買い手がつかない場合もあります。そうかといって自宅はほかにあり、賃貸に回すことも現実的ではない。そうした場合にはどうすればいいでしょうか。


このような事例は、珍しくはありません。選択肢としては、**空き家で所有しておくか更地にするかの二通りです。ここに大きく関わってくるのが税金面**です。

建物のある土地は、**「住宅用地特例」**により、固定資産税は更地に比べて最大6分の1に軽減されます。建物のある土地を相続した場合、**更地にすれば税金が6倍になる**ということです(図21)。その上、**建物の解体費もかかります**。そのため、相続した古い家が空き家のまま残るケースは非常に多く見られます。

近年では街に空き家が増えてきたことで、空き家の倒壊や犬・猫の侵入など衛生上

図21　住宅用地特例による軽減措置

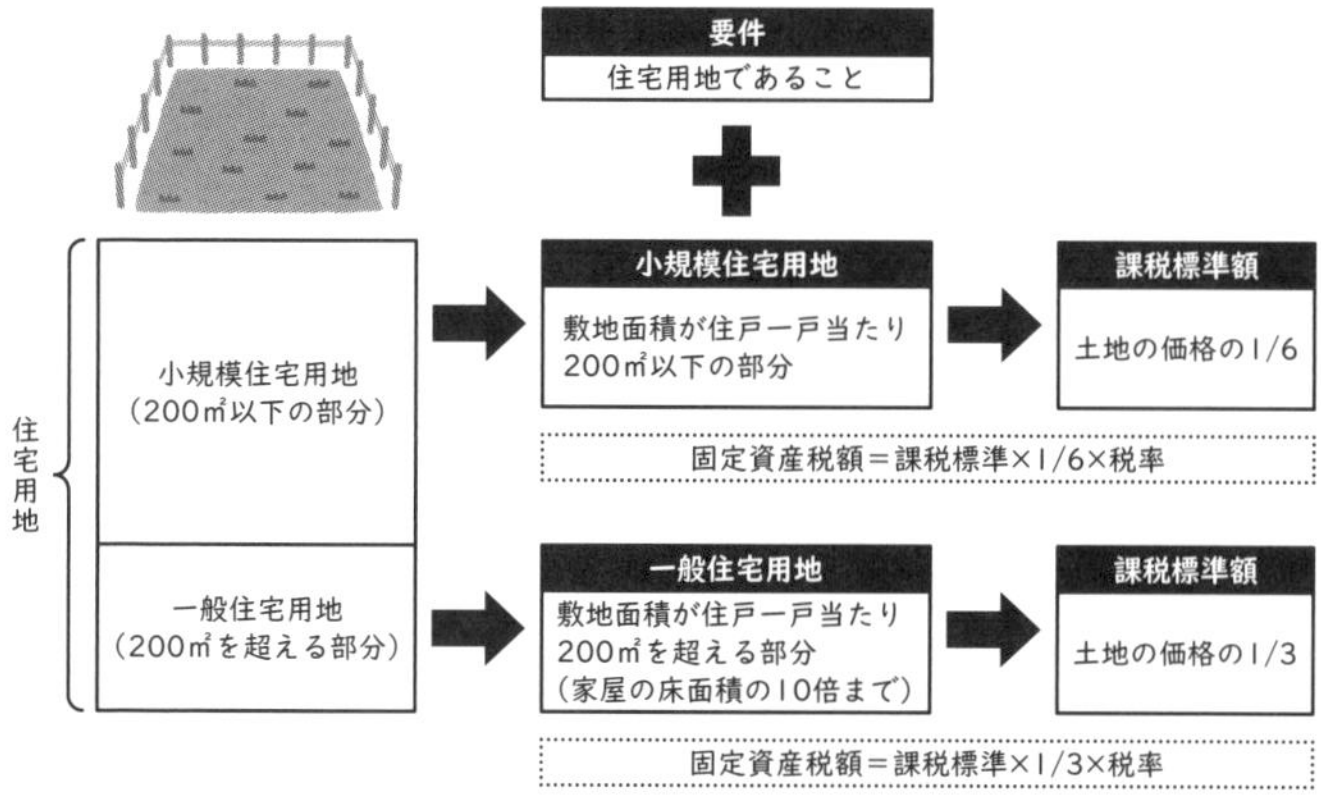

の被害、街の景観を損ねるなど、全国的に問題が起きるようになりました。

そこで、国は2015年に**「空き家対策特別措置法」**を施行しました。これは、適切に管理されず、倒壊の恐れや衛生上の問題などがある空き家を**「特定空き家」**に認定し、修繕、撤去の指導や勧告を行う制度です。

特定空き家に認定されると、住宅用地の軽減措置特例の対象外になります。つまり、**建物が建っていても、固定資産税は最大6倍になってしまう**ということです。

いまのところ、特定空き家の認定件数は多くありません。そうはいっても、可能性がまったくないわけでもありません。何より、空き家の放置は他人に迷惑をかけることもあります。一旦更地にして土地を売る、駐車場などに活用できる、あるいは更地のままでも所有し続けることができるくらい経済的余裕がある、といったことでなければ、次の相続放棄を考えるべきかもしれません。

相続放棄も考える

田舎の山林や家屋など価値が低い不動産を相続した場合は、処分に悩まされるものです。自治体への寄付も考えられますが、どんな不動産でも寄付できるわけではなく、価値のない土地を受け取ってもらえることは、まずありません。不動産仲介業者にお金を支払って引き取ってもらうほかない土地も少なくありません。なかにはそれすらできない、つまり手放すことができない場合もあります。

そうしたときは、相続放棄も視野に入れましょう。ただし、相続放棄をすれば、ほかの遺産の相続権もすべて失います。例えば、都会にある築年数の浅い賃貸アパートと、価値のない田舎の山林が遺産だとします。山林を相続したくないからといって相続放棄をすれば、賃貸アパートも手放さなければいけません。どちらがいいかは、まさにケースバイケースです。一概にはいえません。相続放棄は一度申立てをしてしまうと、後から撤回はできません。後悔のないように考えましょう。

先祖代々の土地など、金銭面だけで考えるべきではない場合もあるだろう。しかし、そうしたリスクを自分が相続すれば、次に子、孫に受け継がれてしまう。割り切れるのであれば、自身の代で手放しておくべきじゃ。

相続放棄しても残る責任

老朽化した田舎の空き家などは、価値がないと相続放棄されることも多いです。

相続人のいない不動産は、特別縁故者もいないときは **「相続財産管理人」** によって何らかの方法で処分され、最終的には国庫に帰属します。ここで気をつけておかなければならないことがあります。それは、家庭裁判所によって相続財産管理人が選任されるまで、 **「管理責任」** を負い続けることになる、ということです。

「管理責任」とは、周辺の生活環境に悪影響を及ぼさないよう不動産を適切に管理する責任のことです。建物の瓦が落下して通行人が怪我をしたり、野良猫や野犬が棲みついて騒音を立てたり、建物のない土地であっても、がけ崩れで近隣に損害が発生してしまったりなど、何か問題が起これば、その責任を負わされます。怪我人が出たりでもすれば、数百万円の賠償金の支払いを命じられるなんてことになりかねません。

相続財産管理人は債権者などの利害関係人や検察官による申立てがあって初めて選任されるため、それまでは相続不動産に問題が起こらないよう注意が必要です。

なお、先述した通り、民法・不動産登記法の改正が2023年度に施行される予定です。相続登記の義務化のほか、一定の条件を満たせば、相続した土地の所有権を放棄して、国庫に直接帰属させることも可能となります。これは、今後も注視していく必要があるでしょう。

こんな不動産屋に注意！

すぐに「売る」「買う」をすすめてくるのは怪しい

相続した不動産を売ったり貸したりする際、多くの方が不動産仲介業者に相談すると思います。しかし、不動産仲介業者はたくさんいます。どこに頼めばいいか、迷う人もいるでしょう。そこで、この章の最後に、不動産屋選びのヒントをお伝えします。

一概には言えませんが、**すぐに「売る」「買う」といった提案をする業者には注意**しましょう。特に多いのが、相続した土地についての相談をすると、「収益用にアパートを建てましょう」と強くすすめてくるパターンです。

確かに賃貸用不動産の購入にはメリットもあります。長期的に安定収入が入りますし、次の代に向けた相続税対策としても有効です。本章でもお話ししたように、現金のまま相続せずにアパートに変えた方が相続税は安くなります。

しかし、アパート経営はメリットだけでなくリスクも伴います。例えば、郊外だとアパートを建てても全室埋まるとは限らず、駐車場にしておいた方が多くの運用益を得られる場合もあります。さらに、家賃の徴収や建物の修繕などの管理を行うのは大変なため、それを管理会社に依頼するとなると費用がかかります。

長い目で見て、果たしてアパート経営が本当に相談者のメリットになるかどうかはわかりません。しっかりと話を聞いた後で提案してくれるなら別ですが、どうすればいいのか、どんな選択肢があるのかもわからないうちに、すぐに結論を迫るような業者は要注意です。なかには、ほかの相続物件を売らせて、その上で借金を負わせてまでアパートを建てさせようとする業者もいます。

相続物件は千差万別

相続物件をどうすればよいかは、相続人や家族の状況、不動産の立地や評価価値など様々な要因で決まります。そのため、不動産仲介業者のスタンスとしては、よく話を聞いた上で総合的に判断した提案をお客様に示すことが重要だと思っています。

不動産の変動には、必ずリスクが伴います。売るにしても買うにしても、メリットが明らかなケースはそう多くありません。ましてや不動産についてあまり詳しくない方が相続したのであれば、**信頼できる不動産会社や士業を見つけて相談すること**です。

ただ、古くから付き合いがある業者だから、知名度や規模のある業者だからといったことは、あなたの相続の成否にはまったく関係ありません。大切なのは、自分の相続のためになるかどうかです。そのためには、相続案件を得意とし、柔軟で小回りの利く対応ができる不動産業者や士業を選ぶべきでしょう。

一度業者に相談をしてみて、違和感を覚えたら別の業者に相談してみるのもいい。自分が知らないことについてプロの意見を聞くと、正しく思えてしまう。しかしそれが本当に、故人から譲り受けた大切な不動産の正しい扱い方だとは限らないのじゃ。

コラム +1

東京オリンピックとアジアからの需要

2015年頃、アジアの富裕層が日本の都心部のマンションを買い占めていると噂されていました。これには東京オリンピックが影響しています。オリンピックに関連した建設需要が高まり、不動産価格が高騰。あらかじめ購入していた不動産をそのタイミングで売り、利益を得るためです。

オリンピック開催予定の5年前だったということにも理由があります。不動産の「譲渡所得（売却益）」に課される税金は、所有から5年が経過すると大幅に下がります。そこから逆算して購入していたのです。

それらの不動産が一気に売りに出されることで、不動産価格に何かしらの影響が出るだろうと思われていました。しかし、オリンピックは延期となり、今のところそうした動きは見られません。こんな状況を予想できた人がいたでしょうか。

不動産業界に限らず、いまは先行き不透明な時代です。ただ、新しい基準が生まれるのはこうした混乱のさなかであるということは、いつの時代でも変わりません。私たちは、その過渡期にいるのかもしれません。

第4章

遺言書で
意思通りの相続を

遺言でどんなことができるのか

介護してくれている人に財産を残したい

事例

妻に先立たれたGさんは、長男家族と暮らしていました。80歳を迎えた頃から足腰が弱くなり要介護となりました。長男は仕事で忙しく、その妻Hさんが面倒を見てくれていました。しかし、遺産相続を考え出した頃に、長男が交通事故死。それでもHさんは同居を続け、Gさんの介護をしてくれました。恩を感じたGさんは、Hさんに遺産を相続させたいと考えました。しかし、実子でないHさんは法定相続人ではありません。Gさんには次男がいますが交流はなく、次男にすべての遺産が相続されるのは避けたいのです。

法定相続人は、被相続人が亡くなると一定の財産を受け取ることができます。しかし、それ以外の人は、被相続人とどれだけ関わりが深かったとしても相続できません。こうしたケースで有効なのが、「遺言」です。**生前に遺言を残しておけば、自分が望むように財産を渡すことができます**。法定相続分と異なる割合で相続させたり、法定相続人以外の人に財産を譲ったり（遺贈）、あるいは寄付することも自由です。

この例なら、長男の妻であるHさんに財産を遺贈する旨の遺言をしておけば、問題なくHさんに遺産が引き継がれます。また、**遺言は相続に関するトラブルを防ぐためにも有効**です。第1章でお話ししたように、遺産の分け方は法定相続や遺産分割協議でも決められますが、それらよりも遺言が優先されます。遺産相続に関して子どもたちが争うことが予想されるときは、あらかじめ自分の意思を残しておくことで、こうした争いを避けることができます。

本章では遺言で何ができて、何ができないのか。さらに、どのように遺言を書けばいいのかなど、願い通りの相続を実現させるための方法についてご紹介していきます。

遺言の対象になるのは

遺言とは、遺言者の死後の財産の分け方などを、書面に記したものです。満15歳以上であれば作成できます。ただし、詳しくは後述しますが、認知症の進行などにより、自ら行った遺言の内容と結果を認識できる判断能力である「遺言能力」を持たない人が書いた遺言は、無効となります。

遺言の内容をどうするかは自由ですが、法的に効力を持つ事柄は決まっています。これを**「遺言事項」**といい、**法律に定められた遺言事項は次の3つ**です。

①身分に関すること／子の認知や未成年者の後見人の指定など
②財産の処分に関すること／遺贈や寄付、信託など
③相続に関すること／相続分の指定、遺言執行者の指定など

遺言の対象となる財産は、相続の対象となる財産と同じ、財産的価値があるプラス

の財産と、借金や未払いの税金などのマイナスの財産です。なお、生命保険は受取人固有の財産であるため、民法上の相続財産に含まれず、遺言の対象にはなりません。

遺言であっても遺留分（最低限保障される遺産取得分）の侵害は認められない。冒頭の例で言えば、「全財産を○○に相続させる」と遺言があったとしても、次男は遺留分を取り戻すことができるのじゃ。

財産を渡す相手が先に亡くなった場合は

法定相続人であるためには、被相続人が亡くなったときに生存していることが条件です。当然ですが、被相続人が亡くなったときに生きている人でなければ、相続はできません。では、遺言で指定した相続人が、その遺言者より早く亡くなってしまった場合はどうなるのでしょうか。

遺言で指定した相続人が亡くなっていた場合には、その相続人に対する相続や遺贈の部分は無効になります。

仮に、妻に自宅、長男に預金、次男に株式を相続させるという内容の遺言書があるにも関わらず、遺言者よりも先に妻が亡くなったとします。すると相続が発生した際には、妻への相続は無効、長男と次男は遺言通りに相続し、妻が相続するはずだった自宅は、長男と次男が法定相続分の割合で相続することになります。

後ほどご説明しますが、**遺言書は書き直しが自由**です。もし相続させようとしている人が亡くなった場合は、遺言書を新しく作りましょう。しかし、その段階で自分が認知症になってしまっている場合もありますし、もしかしたら交通事故などで同時に亡くなってしまうことも考えられます。

こうした事態への備えとして**「予備的遺言」**をしておく方法もあります。予備的遺言とは、遺言書にさらに次の候補者を指定しておく遺言のことです。前述の例では、

「遺言者の死亡前または遺言者と同時に妻が死亡した場合には、遺言者の財産は長男に相続させる」といった内容の条項を遺言書に組み込んでおくことができます。

条件付きで財産を渡すこともできる

事例

Iさんは50代の男性。まだまだ働き盛りなのに、末期がんを患《わずら》ってしまいました。家族は妻と息子。息子はすでに成人して家庭を持っており、特に心配はありませんが、とにかく妻のことが心配です。なるべく多くのものを残しておきたいけれど、これからの人生を安心して送ることができるほどの現金はありません。自宅は持っているけれど、これだけでは暮らしていけないかもしれない。妻には実家があり、自宅を離れても暮らすことはできるのですが……。

こうした場合に有効なのが、**「負担付遺贈」**です。例えば、「長男に対し母親に生活費を渡すことを条件に、土地と建物を遺贈する」と指定します。遺贈を受けた**「受遺者」**は、贈与された財産の価値を超えない範囲で、条件の義務を負います。少し変わった例としては、「飼い猫の世話を任せる代わりに、200万円を遺贈する」といったことも可能です。

ただし**受遺者は遺贈を放棄することもできる**ので、遺言書を作成する際にはしっかりと検討することが大切です。放棄された場合は、その負担付遺贈によって利益を得るはずだった人、この例でいえば妻が財産を受けることができます。

また、受遺者が義務を果たさなかったからといって、すぐにその遺言が無効になるわけではありません。相続人から受遺者に義務を果たすように要求し、それでも聞き入れられなかったら、次に、家庭裁判所にその負担付遺贈についての遺言の取り消しを請求するという流れになります。

〝自分で書く〟遺言書

遺言書の種類

遺言書にはいくつかの種類があります。主に利用されるのは「自筆証書遺言」と「公正証書遺言」です。**自筆証書遺言とは、遺言を残す人（遺言者）が遺言の内容や氏名などを自筆の上で捺印して、作成される**ものです（図22）。一方の**公正証書遺言は、遺言者が「公証人」と呼ばれる法律の専門家に遺言の内容を伝え、公証人により公正証書として作成される**遺言です。

ほかにも、遺言の内容を遺言者が亡くなるまで秘密にしておく「秘密証書遺言」や、病気や事故で死が迫っているなど特殊な状況下で利用される「特別方式の遺言」などがありますが、ここでは、よく利用される自筆証書遺言と公正証書遺言について詳しく見ていきます。

❷
遺言書

遺言者田中一郎は、この遺言書により次の通り遺言する

一　妻田中花子（昭和〇〇年△△月××日生）に下記不動産を相続させる

（1）東京都中野区〇〇町〇丁目△△番□□
　宅地〇〇〇・〇平方メートル

（2）同所同番地所在
　家屋番号　〇番〇
　木造スレート葺二階建居宅
　床面積　一階〇〇・〇平方メートル
　　　　　二階〇〇・〇平方メートル

（3）前記家屋内にある什器備品その他一切の動産

（4）△△銀行□□支店の遺言者名義の普通預金・定期預金

（5）ゆうちょ銀行の遺言者名義の貯金

❶

自筆証書遺言作成のポイント

❶全文、日付、氏名を自筆で書く。縦書きでも横書きでも構わない。自筆であれば外国語でも構わないとされています。

❷タイトルの「遺言書」「遺言状」などはなくてもかまわないが、ある方が遺言として明確になります。

図22　自筆証書遺言の一般的な例

二　長男田中太郎には遺言者の経営する○○商店の後継者として事業経営をしてもらうために、次の財産を相続させる

(1)東京都新宿区○○町○丁目□□番△△
宅地　○○○・○平方メートル

(2)同所同番地所在
家屋番号　□番△
鉄筋コンクリート造陸屋根二階建店舗

(3)遺言者名義の○○株式会社株式○○万株

三　長女山下薫には次の財産を相続させる
□□銀行△△支店の遺言者名義の定期預金全額（田中）

❻この行弐字加入　田中一郎

四　この遺言の遺言執行者に妻花子の兄の山田孝を指定する

❸令和○年○月○日

❹東京都中野区○○町△丁目□□番
遺言者　田中一郎（田中）❺

❸日付、署名、押印は必須。

❹遺言者の住所は書かなくてもよいが、書いた方が遺言者が明確になります。

❺署名の下の印は認印でも構いません。

❻加除訂正も既定の方式に従います。加除訂正した部分に押印し、余白に訂正したことを記入して署名。印鑑は署名の下に押したものを使います。

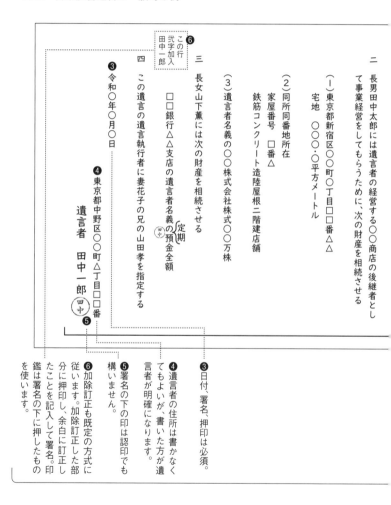

いつでも、何度でも書ける

自筆証書遺言は、遺言者本人だけで、いつでも作成できる方式の遺言です。その名の通り、**必ず自筆でなければならず、パソコンや代筆で書かれたものは効力を持ちません**。ただし、相続法の改正により、遺産の内容をまとめる財産目録についてはパソコンで作成したものでもよくなりました。また、登記事項証明書の写しや預貯金の通帳のコピーを添付することもできます。

記載する主な内容は「全文」「日付」「氏名」です。どれか1つでも欠けていると、遺言全体が無効となるので注意してください。用紙や筆記用具に決まりはありません。捺印も必要ですが、実印に限らず、三文判《さんもんばん》でも構いません。

全文では、誰に何を相続させるか、遺産をどう分けるのか、遺言者の意思が正確に伝わるように具体的に書きます。項目ごとに番号を付けて箇条書きにするとわかりやすくなります。先ほどお話しした通り、遺言は何通でも作成できます。異なる内容の遺言書が複数見つかった際には、最新の遺言が優先されます。そのため、日付の明記も必須です。例えば、「○月吉日」ではいつの日か明確でないので無効。「○月還暦の日」は、遺言者の還暦の日の特定が可能であることから有効です。

無効になってしまわないための注意点

自筆証書遺言は、**自分で簡単に作れる点が最大のメリット**です。作成に費用もかかりません。一方で、不備や誤りの恐れもあります。

自筆証書遺言が**無効とされるケースの１つが、受遺者が特定されていない場合**です。例えば、法定相続人以外にアパートを譲りたくて「下記アパートを太郎に譲る」と書いても、名前が一致しただけでは受遺者の特定が不十分として、相続登記をできない可能性があります。受遺者はもちろん、相続人の場合でも、氏名とともに続柄や生年月日などを記すことが好ましいでしょう。

また、**相続財産がハッキリしていない場合も無効**になる可能性があります。「土地は長男に、家は妻に相続させる」では、特定されているとは言えません。特に、不動産は登記記録と一致しないと相続登記ができないこともあるので注意しましょう。

預貯金についても複数あるときは金融機関名、支店名、口座番号、名義など、また株式であれば会社名や株数を特定できるように記載しておくと、複数の相続人で分けるときに安心です。さらに、夫婦など2人以上が**共同で1通の遺言を作成しても無効**です。連名の遺言が許されると、遺言者個人が自由に撤回できなくなり、遺言者の最終意思の確保という遺言の主旨が阻害されるからです。

遺言が無効とされた場合には、遺産分割協議や調停などの内容に従い相続することになります。それでは、財産を残す人にとって思い通りの遺言にはなりません。自筆証書遺言の場合には、不備がないように重々注意しましょう。

専門家にチェックしてもらう

自筆証書遺言は、自宅で保管されることが多く、偽造や改ざんの恐れもあります。そうした観点から、相続発生時には家庭裁判所による**「検認」**を受けなければいけません。検認では、遺言書に不備や誤りがないかを確認するとともに、確認した遺言書の内容を記録して、検認以降に遺言書が偽造されたり改ざんされたりすることを防ぎます。このとき、**遺言の書き方に誤りや形式の不備があると、その部分だけではなく、遺言全体が無効**になります。

確実に有効な遺言書を作成するためには、専門家に作成を依頼することを考えましょう。自分で作った遺言書を、専門家にチェックしてもらうだけでも安心です。弁護士や司法書士、行政書士などに依頼をした場合には、専門家報酬が発生しますが、遺言が無効になったり、相続トラブルの火種になることを防ぐことができます。

第１章で触れたように、２０２０年からは法務局による「自筆証書遺言書保管制度」が開始されている。コストも少なく、遺言書１通当たり３９００円の手数料じゃ。これを利用すると、形式的な内容のチェックが受けられるため、相続時の検認は不要になるぞ。ただし、あくまで形式的なもので、遺言の内容の正確性や遺言者の遺言能力を保証するものではないので注意じゃ。

遺言書を〝公文書〟にする

盗難・紛失・無効の心配がない

公正証書遺言は、公証役場で作成・保管される遺言書です。

まず、遺言者が口述する遺言事項を「公証人」が筆記し、遺言証書を作成します。公証人とは、法律紛争を未然に防ぐために、証書の作成などの方法により一定の事項を証明する人です。判事や検事などを長く務め、法律実務の経験が豊富な人の中から法務大臣より選ばれます。遺言について筆記した内容を、公証人が遺言者と証人に読んで聞かせます。内容に誤りがなければ、遺言者は署名して実印で捺印します。証人は2名の立ち合いが必要です。公証役場で手配してもらうか、遺言者自身で選びます。ただし、以下の人は証人になれません。

・未成年者
・推定相続人、遺言で財産を譲り受ける人、これらの配偶者と直系血族
・公証人の配偶者、４親等内の親族、公証役場の職員など

公正証書遺言で作成された遺言書は公証役場で保管されるので、**紛失や第三者による偽造・改ざんの心配がありません**。また、法律のプロが作成に関わるため、自筆証書遺言のように**不備により遺言が無効になる恐れがなく**、相続発生時の検認も不要です。

コストが高いのがデメリット

繰り返しになりますが、自筆証書遺言は手軽である半面、紛失や第三者による偽造・改ざん、形式的不備による遺言の無効などのリスクを伴います。公正証書遺言であればそうした心配がないため、せっかく遺言を残すなら公正証書遺言にしておくことをおすすめします。

図23　公証役場に支払う作成手数料

目的の価額	作成手数料
100万円まで	5000円
100万円を超え200万円まで	7000円
200万円を超え500万円まで	1万1000円
500万円を超え1000万円まで	1万7000円
1000万円を超え3000万円まで	2万3000円
3000万円を超え5000万円まで	2万9000円
5000万円を超え1億円まで	4万3000円
1億円を超え3億円まで	4万3000円に5000万円超過するごとに1万3000円を加算
3億円を超え10億円まで	9万5000円に5000万円超過するごとに1万1000円を加算
10億円を超える場合	24万9000円に5000万円超過するごとに8000円を加算

(1)財産の相続又は遺贈を受ける人ごとにその財産の価額を算出し、これを上記基準表に当てはめて、その価額に対応する手数料額を求め、これらの手数料額を合算して、当該遺言書全体の手数料を算出します。
(2)遺言加算といって、全体の財産が1億円以下のときは、上記(1)によって算出された手数料額に、1万1000円が加算されます。
(3)さらに、遺言書は、通常、原本、正本、謄本を各1部作成し、原本は法律に基づき役場で保管し、正本と謄本は遺言者に交付しますが、原本についてはその枚数が法務省令で定める枚数の計算方法により4枚(法務省令で定める横書の証書にあっては、3枚)を超えるときは、超える1枚ごとに250円の手数料が加算され、また、正本と謄本の交付にも1枚につき250円の割合の手数料が必要となります。
(4)遺言者が病気又は高齢等のために体力が弱り公証役場に赴くことができず、公証人が、病院、ご自宅、老人ホーム等に赴いて公正証書を作成する場合には、上記(1)の手数料が50%加算されるほか、公証人の日当と、現地までの交通費がかかります。
(5)具体的に手数料の算定をする際には、上記以外の点が考慮される場合もあります。

ただし、公正証書遺言は**自筆証書遺言に比べるとコストがかかります**。

公正証書遺言の作成にかかる費用は、まず、公証役場に支払う作成手数料です。作成手数料は相続させる財産の価格により異なり、図23の通りです。

また、遺言書の正謄本の交付手数料のほかに戸籍謄本や住民票、印鑑証明書、不動産の登記事項証明書なども必要になります。さらに、証人の手配を公証役場に任せる場合には証人手数料、遺言の文案を弁護士や司法書士などの専門家に依頼する場合には専門家報酬も発生します。

簡単に比較した図24を作成しましたので、ご参考にしてください。

図24　自筆証書遺言と公正証書遺言の違い

	自筆証書遺言	公正証書遺言
作成者	ご自身	公証人
作成場所等	いつでもどこでも	公証役場 事前に予約が必要 出張サービスもあり
作成方法	すべて自筆	公証人が作成 本人が署名押印
証人の有無	不要	2名
検認手続き	必要	不要
保管	原則自身で	公証役場(原本) 正本・謄本を受領
安全性	無効や紛失に注意	公証人が作成のため、無効の心配なし 勝手な書き換えや紛失も心配なし

認知症と遺言書

認知症になると遺言が残せないのか

遺産相続と切っても切り離せないのが、認知症の問題です。本章で説明する遺言書、第5章の成年後見制度、第6章の家族信託は相続と生前対策をサポートするための「3本柱」といえますが、そのうちどれを選んだらよいのか、ここに認知症であるかどうかが大きく関わってきます。

特に近年は超高齢社会といわれ、平均寿命も延びています。「まだ大丈夫」と考えているうちに認知症になってしまう。そうして、思い通りの相続ができなくなってしまうこともあります。

ちなみに、認知症になってから書いた遺言書は無効であると思われがちですが、正確には認知症であっても遺言書を書くことができます。

遺言を書くためには、遺言の内容や結果を理解できるだけの判断能力、認識能力が必要とされます。これを**「遺言能力」**といい、遺言能力があれば認知症であっても遺言を残すことはできます。一般的には7歳から10歳程度の知能といわれていますが、遺言の内容が簡単か複雑かといったような様々な状況が考慮されます。

遺言を無効にするための裁判は長引く

遺言能力を持たない人が作成した遺言書は無効とされるわけですが、遺言書を作ったときに、本人の能力がどの程度だったのか、実際のところは明白にはできません。

そこで、**遺言の有効性を覆したい場合には、裁判で争われることになります**。裁判では遺言能力に加えて、遺言の内容の複雑さや、遺言が不自然ではないかなどの様々な事情を考慮の上、総合的に判断されます。この基準を一概に説明することはできません。

例えば、ある相続人に全財産を相続させるという記載内容なら、遺言の内容そのものは単純です。その相続人との関係が深く、遺言の動機として妥当だということなら、認知症が進み判断能力が低下していても、遺言能力が肯定されるケースもあります。反対に、財産の分配が複雑な場合には、より高度な判断能力が求められます。

遺言能力を無効だと主張するのであれば、遺言者に判断能力がなかったことを立証しなくてはいけません。そのためには、遺言時の状況を客観的に証明する証拠が必要になります。具体的には、医師からカルテなどを取り寄せて遺言者の精神障害の存否を確認し、遺言当時の生活状況や遺言内容を照らし合わせていきます。通常は、**裁判には長い時間を要します**。

そのため、10カ月という相続税の申告期限内には判決が出ないこともあります。そうした場合は、相続税については一旦遺言書を有効なものとして扱い、申告しておく必要があります。

その後、もし遺言を無効とする判決が出れば、新たに遺産分割を行うことになります。その内容に従い、税金の納付額が多くなるなら「修正申告」を、少なくなるなら「更正の請求」を行う流れになります。

遺言書はアップデートできる

先述した通り、遺言書は15歳になれば作成できます。また、遺言者が亡くなった際に複数の遺言書が見つかった場合、内容が矛盾する部分については、**新しい日付の遺言書が優先されます**。先に公正証書遺言が作られ、後に自筆証書遺言が作られたなど、様式の違いに関わらず、後の遺言の内容が有効とされます。

いつ、自分が、あるいは親が認知症になるかはわかりません。遺言書はいつでも書き直しができるので、できるだけ早めに作っておくと安心です。

ただし、遺言書を作ってから亡くなるまでにあまりに時間が経ってしまうと、遺言書を作った段階では想定していなかった状況になる可能性もあります。例えば遺言書の相続財産に含まれていた不動産が既に売却されていたり、作成時には生存していた相続人が亡くなっていたりなど、遺言の内容と実態がかけ離れてしまうケースです。

そうなると、せっかく遺言を残しても、実態と異なる部分の遺言は無効になってしまいます。**まずは一度作り、状況の変化に応じてアップデート**をしていきましょう。

遺言がトラブルの原因になってしまわないために

相続人が税金や費用を払えるかを考える

ここまでお話ししてきたように、遺言は自分の意思通りに相続させるために、とても有効な方法です。しかし、気をつけなければならない点もあります。実際に自分が亡くなって相続が発生したとき、家族や相続人が困らないように、押さえておくべき点をお話しします。

まず、相続税についてです。**相続税の税率は、最も低い取得価格1000万円以下でも10%**です。決して安くはありません。現金であればその中から払えばいいわけですが、不動産であればその通りにはいきません。

例えば、「長男に評価額1億円の自宅、次男に預貯金1億円を相続させる」という遺言をしたとすると、長男は現金を受け取れないため、相続税のための資金を調達しなければならなくなります。そして、もし長男が相続税を納税できなければ、せっかく引き継いだ家を資金調達のために売ることになってしまいます。

不動産を相続させる人には、相続税の支払いに困らないかどうかまで考えておくべきです。ほかにも、相続登記のための登録免許税や司法書士への報酬、毎年課税される固定資産税なども発生します。こうした費用も支払えるくらいの現金も譲り渡すよう考慮しましょう。

遺言では、法定相続人以外の人に遺贈で財産を引き継がせることができる。ただし、配偶者や1親等の血族（代襲相続人となった孫を含む）以外に遺贈する場合、相続税は法定相続人の場合と比べて1・2倍じゃ。それも計算に入れておこう。

遺言通りに手続きをしてくれる人を決める

自筆証書遺言でも公正証書遺言でも、「遺言執行者」を指定することができます。**遺言執行者とは、遺言の内容を実現させるために遺産を管理し、分割のための事務手続きを担う人**です。遺言執行者がいなくても遺産の分割はできますが、**執行者がいると手続きがスムーズ**になります。

例えば、遺言書通りに相続する場合でも、相続手続きは相続人全員の印鑑が必要になるケースも多いのですが、遺言執行者がいれば、原則として遺言執行者が単独で手続きを進められます。

さらに、遺言執行者が指定されていれば、トラブルへの対応もスムーズです。遺産である自宅を相続人のうちの1人が勝手に売ってしまったなど、遺言の執行を妨げる処分行為が行われたとしても、原則としてその行為は無効とされます。

ただし、例外として、善意の第三者に対抗できません。例えば、遺贈の事実を知らないで、その土地を購入した第三者がいたとします。遺贈を受けた者は登記をしていないと、法定相続分を超える持分については、その権利を主張できないことになります。

なお、遺言執行者は、未成年者と破産者以外なら誰でも構いません。相続人でもなれますが、もし慣れない手続きに不安があれば、弁護士や司法書士などの専門家に依頼するといいでしょう。

「なぜこう遺言を残したのか」の思いを遺す

遺言を残したとしても、不動産や証券などのようにそのままの形では分割できない財産があると、遺産を相続人に均等に分けるのはなかなか困難です。そのため、たとえ遺言通りに相続しても、「私だけ遺産が少なかった」などと悲しい思いをする相続人がどうしても出てきてしまいます。

こうしたことを考慮して「付言《ふげん》事項」を加えることも考えましょう。**付言事項とは、ひと言で言えば自分の思いを残すこと**です。

例えば「次男には医学部に通わせるため、多くの学費を出した。一方の長男には多くの学費を払っていない。長男は長年家業を手伝ってきてくれたので、遺産は長男に多く譲ります」「子どもたちは立派な大人に育ってくれた。ありがとう。これからも仲良くしてくれることを願っています」といったように、財産分配の理由や家族への思いを遺言書に残すことができます。

法定遺言事項とは異なり、付言事項には法的な効力はありません。しかし、**遺言者の思いを気持ちを込めて記すことで、相続人も遺言の内容に納得できる**、ということは多いものなのです。

愛人に財産を残したい

事例

Jさんが亡くなった後、Jさんの息子が発見した遺言には、「愛人と愛人の子にもそれぞれ財産の一部を残す」旨が書かれていました。愛人がいたことを知らなかったＪさんの息子は驚き、愛人とその子に財産を残す遺言に納得できずにいます。この遺言は果たして有効なのでしょうか。

このように、愛人に遺贈する遺言も、Ｊさんの息子など法定相続人の遺留分を侵害しない限りは有効です。愛人や認知されていない愛人の子には、相続権はありません。しかし、法定相続人以外に財産を残す旨の遺言をすれば、Ｊさんの財産を遺贈することは可能です。

したがって、この事例では遺言で指定された通り、愛人と愛人の子にも遺産が分割されることになります。ちなみに認知とは、婚姻関係によらず生まれた子を、その父が自分の子だと認める法的な行為のことです。認知されていない愛人の子は、父親が死亡した後でも3年以内なら、裁判手続きによって強制的に認知させる訴訟を起こせます。

コラム +1

アジアからみた日本の不動産の魅力

2020年6月、香港で国家安全維持法が施行されました。中国共産党による香港への関与が強化され、将来的に香港が〝中国化〟される。そうした懸念を持った香港の一部の投資家が、資産没収を逃れるため日本の不動産を求めるようになりました。彼らが日本の不動産を選んだのは、世界的に見ても利幅が高く、政治も安定しているからだと思われます。

元来、日本の不動産はアジアの富裕層から人気がありました。最近では、在留資格、永住資格もしくは長期滞在のビザを持つ在日の外国人が、日本の金融機関で住宅ローンを組めるようになってきました。そうした変化から、日本で自宅を購入する永住外国人もじわじわと増え始めています。

和食や工芸など、日本独自の文化に魅力を感じて旅行に訪れる外国人が多いことはよく知られていますが、不動産も同様のようです。日本の不動産業界にとっては、明るい材料といえるでしょう。

第**5**章

成年後見制度で認知症から財産を守る

判断能力が衰えた人のための制度

騙《だま》されて買った布団をキャンセルする

事例

Kさんの母は認知症です。実家でKさんの弟と同居しています。久しぶりに弟から電話がありました。ある日家に帰ると、母が「いいお布団を買ったの」とご機嫌な様子だったといいます。怪しく思った弟が金額を聞くと、なんと100万円払ったとのこと。明らかに悪徳商法ですが、契約書も残されています。このまま泣き寝入りするしかないのでしょうか。

こうした事態を招かないためには「成年後見制度」が有効です。

まず、**成年後見制度とは、認知症、知的障害、精神障害などの原因により判断能力が不十分な人の財産と権利を守るための制度**です。本人の法律行為を代理するなど、様々な手続きを支援してくれる人を選任してもらうことができます。

認知症などにより判断能力が低下すると、悪徳商法で騙されて、自己に不利益な契約を結んで財産を失う恐れもあります。実際に、認知症の人が不要なものを高額で買わされた、というケースは後を絶ちません。

本人の法律行為を代理する**「成年後見人」には、契約の取消権があります**。事例のように騙されて高額な買い物をしてしまった場合にも、本人に代わりいつでも簡単に契約を取り消せます。

成年後見制度には２種類ある

成年後見制度には、「法定後見制度」「任意後見制度」の２つがあります。どちらも、認知症などによって判断能力が不十分になった人の財産管理や契約などの法律行為の

図25　成年後見制度について

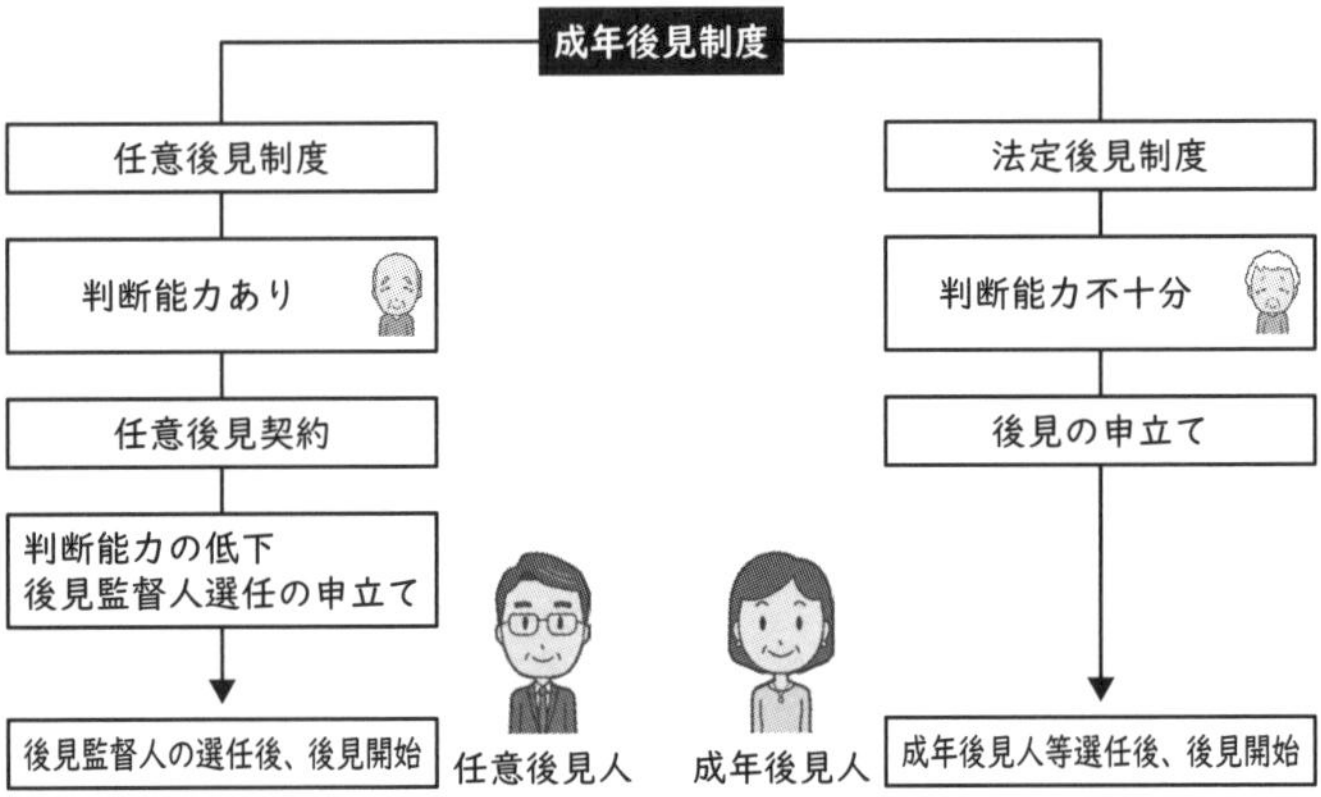

代理をしてくれる人を選任することができます（図25）。

認知症になると、自分が望むことであっても契約が難しくなります。有効な契約を結ぶためには本人に一定の判断能力が必要となります。本人にこの能力がなかった場合には、契約は無効とされます。例えば所有している賃貸アパートの管理をしたくても、修繕のための契約や、賃貸契約が難しくなります。

また、金融機関に本人が認知症であることの告知があると、**銀行口座が凍結されて預金の引き出しや解約が一切できなくなってしまいます**。そうした際にも、成年後見制度を活用すれば、本人の生活費や入院費、介護費などを支出するために預金を引き出して使えるようになります。

ここまでは、基本的に法定後見制度でも任意後見制度でも同じです。

両者の違いを簡単に言うと、**法定後見制度はすでに判断能力が不十分になっている人のための制度、任意後見制度はそうなる前に後見人を決めておきたい人のための制度**です。

先ほどお話ししたように、**法定後見制度の大きなメリットは、本人の契約を無効にできること**です。これは任意後見制度では認められていません。一方で、**任意後見制度のメリットは、支援してもらう人を自分で選べること**です。法定後見制度では、後見人は裁判所が選任します。

どちらがいいかは人それぞれですが、実際には法定後見制度を使う人が多く、任意後見制度は少数となっています。まずは、法定後見制度から見ていきましょう。

認知症になってから活用する制度

本人の判断能力に応じて3つに分けられる

法定後見制度は、本人の判断能力の程度に応じて、さらに「後見（成年後見）」「保佐」「補助」の3つの類型に分かれています（図26）。

このいずれになるかは、家庭裁判所の審判によって決まります。判断能力が欠けている状態になっている人は後見の対象に、判断能力が著しく不十分な人は保佐の対象に、判断能力が不十分な人は補助の対象になります。

それぞれ本人と保護者（成年後見人、保佐人、補助人）の権限が異なり、本人の権限は補助、保佐、後見の順に大きく、保護者の権限は後見、保佐、補助の順に大きくなります。認知症の方には保佐人や補助人ではなく成年後見人がつけられることが多いので、法定後見制度のうち後見について詳しく説明していきます。

図26　法定後見制度の種類

		後見	保佐	補助
対象		判断能力がまったくない	判断能力が著しく不十分	判断能力が不十分
申立て		本人、配偶者、4親等以内の親族、検察官、市区村長		
成年後見人等の権限	必ず与えられる権限	財産管理についての全面的な代理権、取消権(日常生活に関する行為を除く)	特定の事項(1)についての同意権(2)、取消権(日常生活に関する行為を除く)	—
	申立てにより与えられる権限	—	特定の事項(1)についての同意権(2)、取消権(日常生活に関する行為を除く) 特定の法律行為(3)についての代理権	特定の事項(1)の一部についての同意権(2)、取消権(日常生活に関する行為を除く) 特定の法律行為(3)についての代理権

(1)民法13条1項に挙げられている借金、訴訟行為、相続の承認や放棄、新築や増改築などの事項をいいます。ただし、日用品の購入など日常生活に関する行為は除かれます。
(2)本人が特定の行為を行う際に、その内容が本人に不利益でないかを検討して、問題がない場合に同意(了承)する権限です。保佐人、補助人は、この同意がない本人の行為を取り消すことができます。
(3)民法13条1項に挙げられている同意を要する行為に限定されません。

成年後見人になるための条件

成年後見人になるのに特別な資格は必要ありません。未成年者や破産者、被後見人に対して訴訟を起こした人などでなければ、条件にはかないます。

ただし、**成年後見人の候補者を挙げることはできますが、成年後見人を選任するのはあくまで家庭裁判所**です。したがって、希望通りになるとは限りません。

例えば、本人が多くの財産を持っている場合や、本人と候補者の間に利害関係がある場合、親族間に意見対立がある場合などには、中立性が高い司法書士や弁護士が選ばれる可能性が高くなります。

成年後見人は次の３つの権利を持ちます。

①本人を代理して契約などの法律行為を行う「代理権」
②本人が行う法律行為に同意を与える「同意権」

③本人が行った法律行為を取り消す「取消権」

これらの権限を使い、次の「財産管理」と「身上監護」の事務を行います。

法定後見制度の手続きの流れ

法定後見制度において、後見の対象となった人を**「成年被後見人」**、成年被後見人を支援する人を「成年後見人」といいます。

法定後見制度を利用するためには、裁判所への申立てが必要です。**申立ては基本的に、本人の配偶者や4親等以内の親族などでなければできません**。医師による診断書や、本人と後見人候補者の戸籍、住民票、財産目録など、揃えなくてはならない書類がいくつかあります。それらを用意し、後見人候補者を決めた上で、裁判所に申立てを行います。次に、裁判所が本人の生活状況や財産状況、必要に応じて本人の意思確認の調査や判断能力に関する精神鑑定などを行います。その結果を踏まえ、成年後見を開始する審判をし、成年後見人が選任されます。

成年後見制度を利用するための費用は、成年後見の申立てに申立手数料や登記費用などの実費1万円弱と、精神鑑定が行われた場合にその費用として5万円から15万円がかかります。後見開始後、成年後見人が通常の後見事務を行った場合の報酬の目安は、後見人が管理する財産額によって異なり、1000万円以下で月額2万円、1000万円を超えて5000万円以下で3万～4万円、5000万円を超える場合で5万～6万円ほどです。

法定後見制度を受けたくても、親族との関係が険悪な場合など、申立てをしてくれない場合もあるかもしれない。こうしたケースでは、ケアマネージャーやケースワーカー、社会福祉協議会の職員などが、自治体を介して親族に働きかけるぞ。それでも親族からの申立てがなければ、市町村長により申立てが行われることもあるんじゃ。

後見人は何をするのか

財産を守って管理する

財産管理とは、**本人の資産や収入、支出、負債を把握して、生活や療養看護などの支出を計画的に行いながら、資産を管理する**ことです（図27）。具体的には、日常生活における支出の管理や、年金や生命保険などの収入の管理、金融機関との取引、不動産など重要な財産の維持・管理・処分、さらに、遺産相続の手続きなどを行います。

成年後見人の役割は、あくまで財産を保護するために管理することです。**投資や投機は行えません。また、寄付や贈与もできません**。何が財産の保護に当たるのか、どこまで管理するのかについては、はっきりとした定義はありません。例えば、一人暮らしの本人が介護施設に入所した場合、成年後見人は定期的な自宅の見回りを要したり、不動産の維持管理のため業者に依頼して庭の手入れを依頼することもできます。

しかし、保有している株式の価格が下落して損をしそうだからといって、その株を売却し別の株を購入することは投資に当たるので認められません。

また、一旦成年後見人がつけられると、たとえ被後見人が望んだとしても、財産が減る行為は認められなくなります。例えば、新たな賃貸アパートを建てるなどの相続税対策はできません。孫にお金を贈与するようなこともできなくなります。

この財産管理の方法が、成年後見制度と次章でお話しする家族信託制度では大きく異なります。詳しくは後述しますが、家族信託の場合は、委託者と受託者間の契約で財産管理の内容を自由に取り決め

図27　成年後見人の仕事

財産管理	身上監護
現金、預貯金、不動産等の管理	介護に関する契約
収入・支出の管理	医療に関する契約
有価証券等の金融商品の管理	施設の入所契約
財務処理（確定申告、納税等）	生活・療養看護に関する契約

られるため、株式の投資も可能となります。

当然のことだが、財産が成年後見人のものになるわけではないぞ。成年被後見人が亡くなると、遺言や遺産分割協議の内容に従い財産は分けられるのじゃ。

「身上監護」とは何をするのか

成年後見人のもう1つの役割である**身上監護とは、その名の通り、被後見人の身上を監護し保護すること**です。

具体的には、治療や入院の契約など医療に関することや、介護サービスの契約や文払いなど介護に関すること、借家契約や家賃の支払いなど住まいに関すること、老人ホームなど施設の入退所に関する契約などを行います。

そう聞くと、いろいろな面倒を見てもらえるように感じますが、毎日の買い物や、介護など身の回りのことは成年後見人の仕事には含まれません。

ほかにも、遺言や養子縁組、認知といった身分行為に関する意思決定を成年後見人が行うことはできません。また、家族が行うべき入院時の身元保証、治療・手術についての同意なども成年後見人は行えません。

認知症になる前に備える制度

自分で後見人を選ぶことができる

もう1つの成年後見制度である**任意後見制度は、判断能力が十分にあるうちに、本人が代理人と任意後見契約を結ぶもの**です。「任意後見人」が行う事務は、法定後見制度と同じく財産管理と身上監護ですが、職務の範囲は契約で基本的に自由に定めることができ、将来どういったサポートを受けたいのか、本人の意思が反映されます。

任意後見制度は、法定後見制度に比べて、本人の意思をより尊重する制度だといえます。ただし、任意後見人に認められる権限は、本人に代わって契約などの法律行為を行う代理権のみで、**本人が行った法律行為を取り消す取消権や同意権は持ちません**。

一方、法定後見では、成年後見人が選任されるまで、誰が自分の面倒を見てくれるのかわかりません。それが将来の不安になる人もいると思います。実際に後見の手続きが始まった後、見知らぬ人が成年後見人に選任され、「こんな人に見てもらいたくない」と感じるケースもあるかもしれません。

その点、任意後見制度では本人が後見人を自由に選定できます。成年後見人と同じく、未成年者や破産者などは任意後見人になれませんが、それ以外であれば、家族や知人、付き合いのある弁護士や司法書士などに後見事務を託すことができます。

成年後見と同じく家庭裁判所への申立てが必要ですが、手続きの流れは少し違っており、初めに任意後見契約が締結されます。これを公証役場で作成し、本人

図28　任意後見人の仕組み

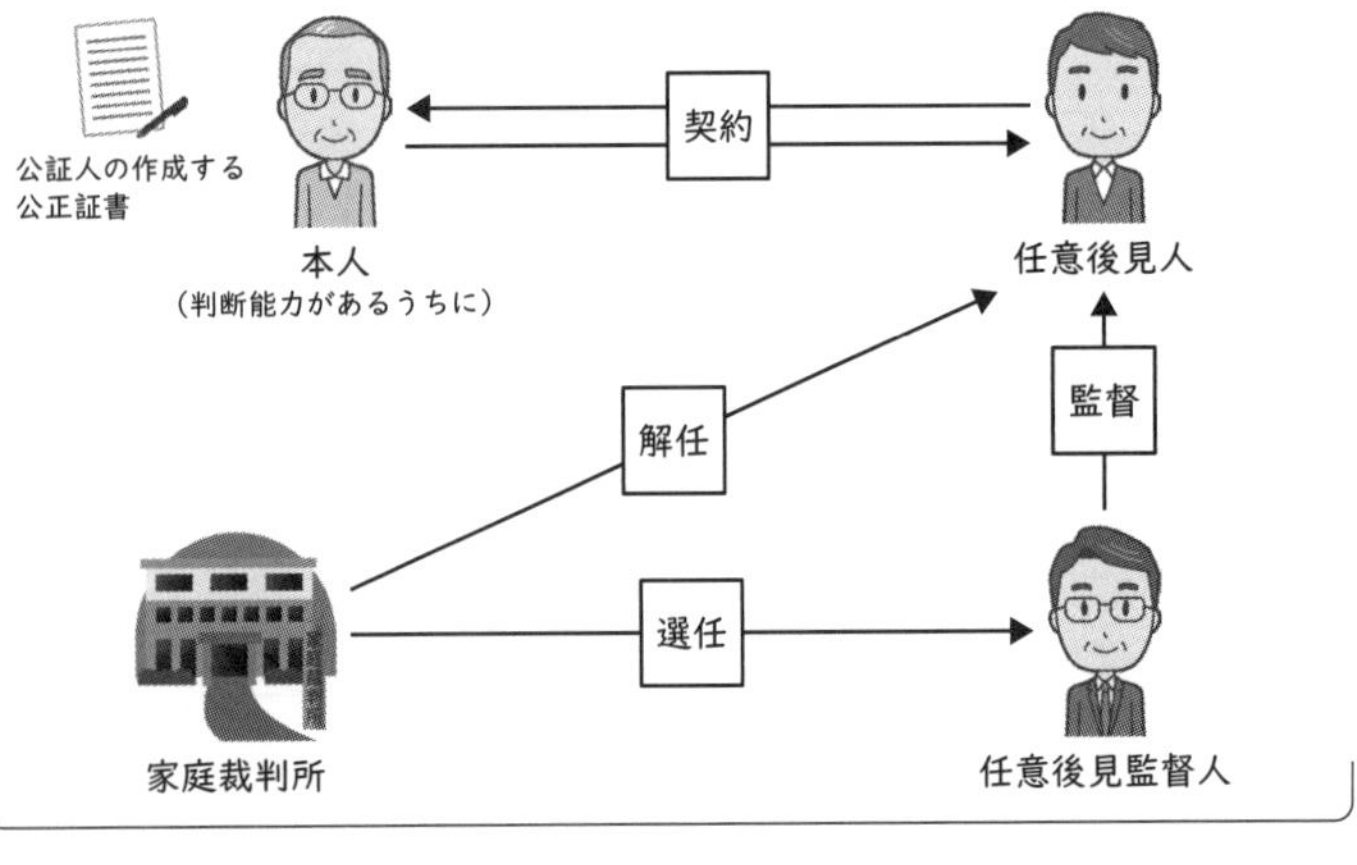

の判断能力が低下したときに、「任意後見監督人」の選任を裁判所に申し立てる必要があります。つまり、家族が任意後見人になったとしても、後見監督人から適正に後見業務を行っているか、チェックを受けることになります。また、法定後見の成年後見人の場合と同じように、**任意後見監督人にも報酬を支払う義務がある**点は注意しておきましょう（図28）。

任意後見人はしっかり選ぶべきじゃ。任意後見人が本人の財産を横領するなどの犯罪も発生している。周りの人から「私が将来財産を管理したい」といわれても安易に契約を結ぶのはトラブルのもとじゃ。自分が本当に信頼できる人に頼むようにしよう。

3つの制度を成年後見制度に組み合わせて安心

成年後見制度に関連する制度に、「見守り契約」、「任意代理契約（財産管理契約）」、「死後事務委任契約」があります。

いずれも成年後見が必要になる前に結ばれますが、見守り契約は、本人の健康状態や生活状況を確認することを約束する契約です。

この契約が締結されると、支援者は定期的に本人の自宅を訪れたり、電話をしたりして、本人の生活を見守ります。連絡を取ることで、本人と支援者の信頼関係が深まり、また後見の手続きを開始する時期の判断にも役立ちます。

2つ目の任意代理契約（財産管理委任契約）は、本人の日常の財産管理や入院・介護などの契約手続きに関する業務について、第三者に代理権を与えておく契約です。

この契約は、判断能力はあるけれど体が思うように動かず、生活費を銀行から下ろしたり、家賃を振り込んだりといった財産管理ができない場合などに結ばれます。例えば任意後見が始まるまでの間は、任意後見契約を結んだ相手にこうした業務を頼むことが可能となります。

最後の**死後事務委任契約は、本人が第三者に対して、亡くなった後の諸手続きに関する代理権を与え、死後事務を任せる契約**です。

死後事務とは、葬儀に関する事務や、医療費や老人ホームの費用などの未払金の支払い、遺品の整理や関係者への連絡などの様々な手続きが含まれます。亡くなった後、そうした必要な手続きをしてくれる人がいない場合には、この契約を結んでおくのがおすすめです。

いずれも単独で契約できますが、成年後見制度と組み合わせて利用すると、便利で安心です。特に、配偶者に先立たれて、子どもや身内が近くに住んでいない一人暮らしの方には、将来への備えとしてこれらの契約が役立つかもしれません。

親族後見人の不正を防ぐために

家族に財産を横領されることも

成年後見制度では、形式的に自分の財産を人に預けることになります。後見人の財産になるわけではないとご説明しましたが、不安に感じる人も多いと思います。考えたくはありませんが、後見人になった家族が勝手に財産を使い込んでしまったという事例も珍しくはありません。

子や兄弟などの親族が後見人に選ばれる割合は全体の4分の1にまで減っていますが、**親族後見人による横領などの不祥事は後を絶ちません**。後見人による不正のうち、親族後見人による不正が全体の95％を占めていることが、最高裁判所の調査により明らかになりました。

近年、親族後見人による不祥事の被害額は年間30億円を上回っており、不正をいかに防ぐかが課題になっています（厚生労働省成年後見制度利用促進専門家会議事務局「成年後見制度の現状（２０１９年）」より）。

不正防止策の１つが、「後見監督人」の選任です。先ほども少し触れましたが、後見監督人とは、後見人が行う事務の内容をチェックし、定期的に家庭裁判所に報告する人です。

後見監督人は任意後見では必ず付けられ、法定後見では被後見人の財産が多いときや被後見人の親族間に争いがあるときなど、家庭裁判所が必要と認めた場合に限り選任されます。

なお、後見監督人は後見人を監督する立場にあることから、原則として弁護士や司法書士などの専門家が選任されます。

不正防止に「後見制度支援信託」も

後見人の不祥事を防ぐ策として、もう１つ「後見制度支援信託」があります。本人の財産のうち、日常生活に十分な金銭のみを後見人が管理し、それ以外の通常は使用しない金銭を、信託銀行などに信託する仕組みです。

成年後見で、本人が一定額以上の財産を持つケースでは、家庭裁判所は後見監督人をつけるか、後見制度支援信託を利用するかのいずれかを検討します。

この制度を利用すると、信託財産を臨時の支出のために払い戻したり、信託契約を解約したりするには、家庭裁判所の指示書が必要となります。このように裁判所のチェックが入るため、横領から財産が守られることになります。

信頼して任せた相手が不正を働く、ということは考えたくないことです。しかし、残念ながら、実際に起きていることでもあります。大切な財産を守ることは、ゆくゆくの相続のときに家族のためにもなることです。こうした後見人による不正の防止策についても、しっかりと理解しておきましょう。

事例

Lさんのご主人は認知症の症状が進み、晩年はLさんが介護をしていました。その期間は3年に及びましたが、Lさんは最期まで面倒を見ました。

葬式のとき、Ｌさんはご主人の兄から思いもよらないことを言われます。

「あいつが認知症だったのをいいことに、財産を好きなように使い込んできたのではないか」

Ｌさん夫婦には子どもがいないため、ご主人の遺産は妻であるＬさんとご主人の兄弟が相続することになります。ご主人が亡くなると、ご主人の相続人である兄弟は、預金の取引経過をさかのぼって調べることができるため、使途不明金があったなど難癖をつけられてトラブルになるかもしれません。

Ｌさんはどうすればよかったのでしょうか。

こうした場合も成年後見制度が役立ちます。Ｌさん、または弁護士や司法書士が成年後見人に選任されれば、家庭裁判所の監督のもとでご主人の財産管理が行われます。そのため、介護をしていた配偶者や親族などが財産を使い込んだのではないかと疑われるようなこともなくなるのです。

コラム +1

「2022年問題」とは何か

農地や緑地の保全を図るための制度に「生産緑地制度」というものがあります。これは、都市圏の市街化区域内にある農地「生産緑地」において、30年間の営農が義務付けられる代わりに、固定資産税の大幅な減税と相続税の納税猶予などの優遇が受けられるというものです。1992年に開始され、一斉に生産緑地の指定が行われたため、30年が経過する2022年には、生産緑地の約8割が期限を迎えるとされています。

そこで懸念されているのが、首都圏の不動産の値崩れです。

営農の義務がなくなる生産緑地の所有者が、農地から宅地への転用を行う。するとまとまった土地が首都圏で売りに出される。そこに戸建てや集合住宅が建てられることで、供給過多になってしまうのではないか、ということです。

2022年に起こり得るこの問題は、「2022年問題」と呼ばれています。これから首都圏の不動産を相続し、それを売却する予定なら、こうした動きも考慮しておいた方がよいかもしれません。

第6章

家族信託で理想の相続を実現

より自由に財産を管理できる仕組み

息子に財産を管理してもらい、その利益は妻に渡したい

事例

資産家のMさんは高齢のため、いくつか持っている不動産の運用が難しくなってきました。「将来認知症になってしまうかも……」と不安です。また、そうなったときだけでなく、自分が亡くなった後の妻のことも心配です。そうかといって運用は順調で、不動産を手放してしまうのは惜しい。認知症になっても物件を上手に管理して収入を得ていく方法を探しています。

家族信託とは、自分が保有する財産を信頼できる家族や親族などに託して、管理し

てもらう仕組みです。本人の判断能力があるうちに契約を結んでおき、委託した財産を家族や親族の判断で取引できるようにします。

信託の目的や、託す財産、管理する人の権限、託す期間などについては、託す人と託される人の間で交わされる「家族信託契約」の中で自由に定めることができます。さらに、そこから**生まれた利益を誰が受け取ることができるかも設定できます**。財産を託された人は、その管理方針に従い、信託財産の保全や管理、運用、処分を行うことになります。

この例でいえば、家族信託を結んで不動産を息子さんに託し、Mさんが決めた通りに資産運用を行ってもらうことができます。そして、そこから生まれた利益を妻に与えることもできるので、Mさんが亡くなった後も安心です。

成年後見制度との違い

家族信託が活用されるのは、認知症対策や相続対策が大半です。認知症になると契約が結べなくなるため、持ち家の処分が必要になってもできず、賃貸アパートの改修もできなくなりますが、家族信託を設定しておけば、受託者にそうした財産の処分や管理を行ってもらえます。

自分の財産を他人に管理してもらうという点で考えると、家族信託と前章でご説明した成年後見制度は似ているといえます。大きな違いは、家族信託の方が財産を任せる側の意向を自由に働かせることができる、という点です。

例えば、認知症の父が所有する賃貸アパートの価格が下落していて、息子さんが資産を減らさないために何か対策を取りたいと考えたとします。しかし、成年後見制度を利用している場合には、父が介護施設に入所するための経費に充てるなどの正当な理由が必要とされるので、不動産を自由に売ることは難しいでしょう。なお、これが居住用不動産の場合には、売却には家庭裁判所の許可も必要となります。

一方、**「家族信託」なら本人の意向に添った財産管理が可能**です。例えば、「私（父）が認知症になった後、所有する賃貸アパートの価格が下落を続けた際には、あなた（息子）はアパートを売却してください」といった内容の契約を結んでおくことで、息子さんはアパートを売ることができます。

　また、成年後見制度で管理される財産は、基本的に成年被後見人のすべての財産ですが、家族信託では**すべての財産を管理することも、一部を管理することも自由**です。

　さらに、冒頭の例のように、託した財産から得られた利益を、家族信託契約で定めた人に与えることができます。ここでいう利益は「受益権」と呼ばれ、賃貸物件の家賃収入や自宅に住む権利など様々なものがあります。また、誰にどのように受益権を与えるかも自由です。例えば、長男に利益の6割、次男に4割といった分け方も可能です。

　加えて、詳しくは後述しますが、家族信託契約では、財産を託す人が亡くなったときに**誰が残った財産を受け取るのかも決めておくことができます**。つまり、信託契約がそのまま遺言の役割を果たすということです。家族信託は相続対策としても非常に有効で、実に幅広い目的で活用されています。

誰が誰に頼み誰が利益を受けるのか

「委託者」「受託者」「受益者」の関係

家族信託において、財産を託し、信託を設定する人を「委託者」、財産を託される人を「受託者」、信託財産から利益を受け取る人を「受益者」といいます。

やや複雑ですが、三者の関係を整理してみましょう。

前述の例では、Mさんの財産を息子が管理し、その利益を妻が受け取るということでした。

信託が設定されると、財産は形式的に、息子（受託者）の名義になります。息子は所有者にはなりませんが、受託者として自分の権限で財産の管理を行えるようになるわけです。ただし、信託財産から得られる利益である「受益権」は受益者（妻）が受け取ることになります（図29）。

受託者については、信頼して財産を託すことができる人を選ぶべきです。家族信託の名の通り、家族や親族であることが多いですが、実は第三者でも可能です。未成年者でなければ、基本的に誰が受託者になっても構いません。

受託者が信頼できる人だったとしても、財産を使い込まれたりしないか心配になることもあるかもしれない。そのような場合には、受託者が正しく信託事務を行っているかどうかを監督する「信託監督人」を置くこともできるぞ。

図29　家族信託の仕組み１

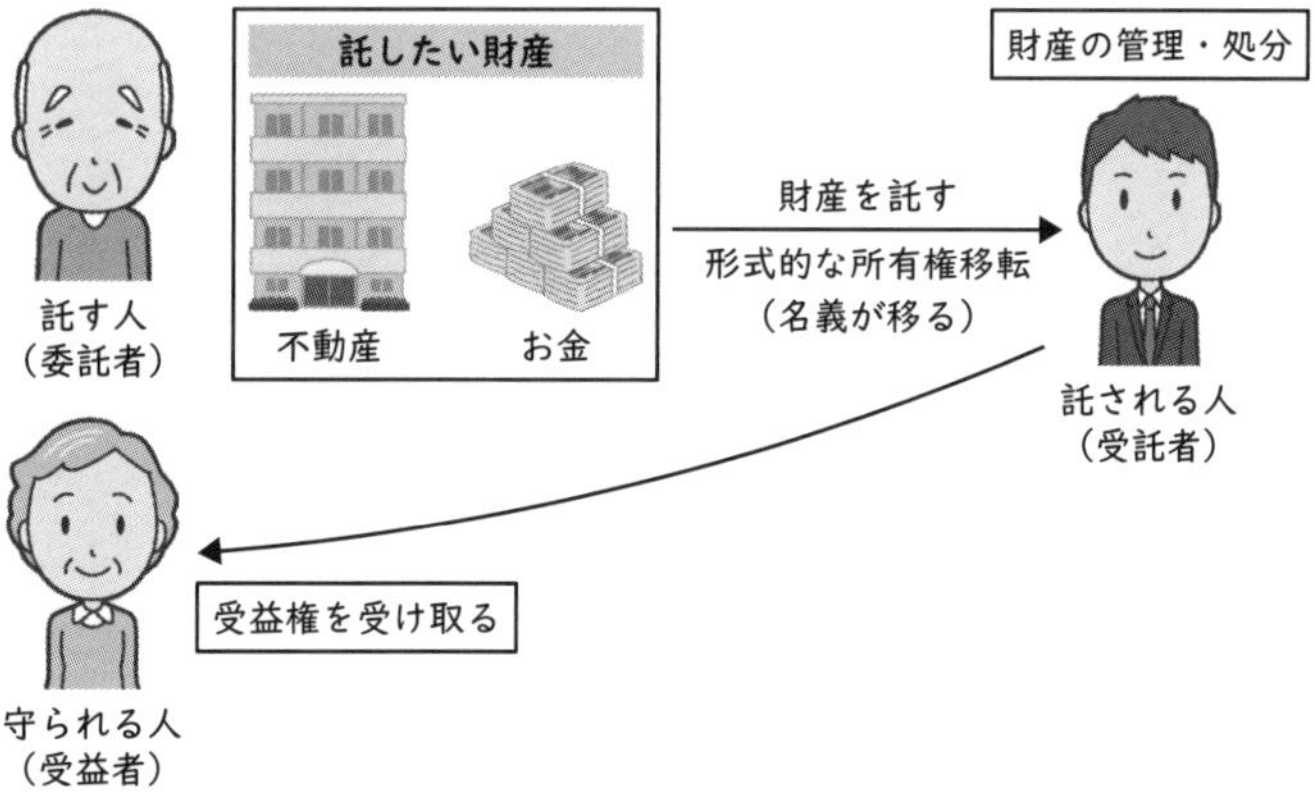

図30　家族信託の仕組み２

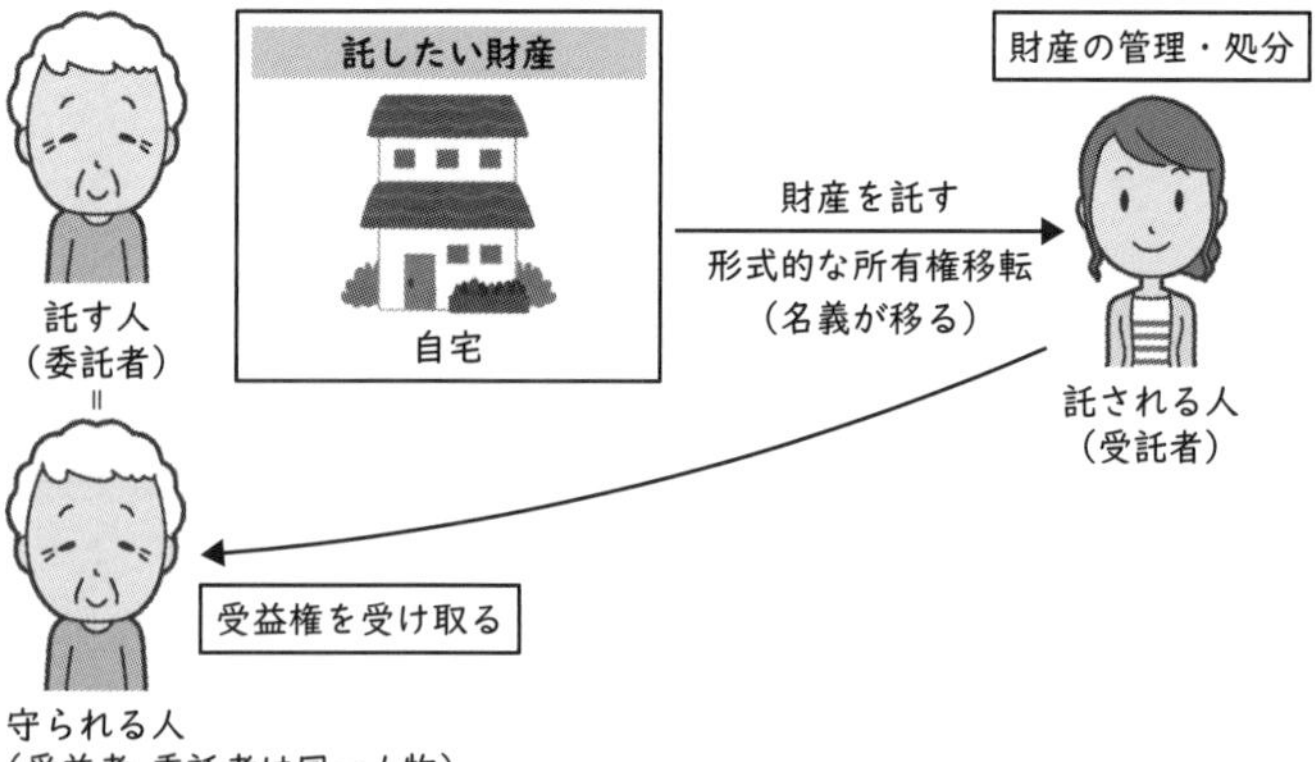

自分を受益者にすることもできる

事例

高齢で一人暮らしのNさん。娘さんとも離れて暮らしています。将来、認知症になったら自宅を売却して、そのお金を入居費用にして施設に入りたいと考えています。しかし、使わなくなった家を売りたいと思っても、認知症になると本人では契約が結べませんし、売却もできません。

こうした場合は、財産を託す本人自身を受益者とする家族信託を結びましょう。Nさんが施設に入居して自宅が空き家になるときがきたら、自宅をその前に売却して施設入居費に充てるように娘さんと家族信託契約を結んでおきます。実際にNさんが施設に入居するときは、娘さんが自宅を売り、売却によって得られた利益をNさんに渡してもらうことができます（図30）。

次の受益者を指定することもできる

事例

Oさんは、先祖代々守り抜いてきた土地と建物をいくつか持っています。Oさんの妻は先立ち、法定相続人は長男と次男の2人です。このままOさんが亡くなると、実家は長男と次男が相続することになります。

しかし、長男は結婚していますが、子どもがいません。そのため、長男が長男の妻より先に亡くなった場合、家の権利の一部が長男の妻の親族側に渡ることになってしまいます。自分の後は長男、長男の後は次男の息子というように、今後も直系で代々の家を残していくためにはどうすればよいでしょうか。

家族信託なら、受益者を誰にするか、何代も先まで指定できます。

例えばOさんを委託者、次男を受託者とする方法があります。受益者は、当初の受益者がOさん、Oさんが亡くなった後の第二次受益者が長男、長男が亡くなった後の第三次受益者を長男の妻とします。「信託財産」は代々残したい家、受益権はその家に住む権利に設定します。また、長男の妻が亡くなった後は、残った家を引き継ぐ「帰属権利者」を次男の子（孫）にします。なお、長男の妻が長男より先に亡くなった場合は、長男が亡くなったらすぐに孫が引き継ぐということも契約内容に設定しておきます。さらに長男と長男の妻より先に次男が亡くなると、受託者がいなくなってしまうため、孫を後継受託者に指名しておくと安心です。（図31）。

そうすれば、家はOさんから長男、長男から最終的には孫へと引き継がれ、代々の家を承継することができます。Oさんの遺産について次男の取り分も考慮するなら、Oさんが亡くなったときに信託財産である家以外の預貯金を多く相続させるのも一案です。また、受託者である次男に毎年報酬を支払ってあげるのもいいでしょう。受託者が信託事務を適切に行ってくれるか心配であれば、信託監督人を置くことができるのは先述の通りです。

このように、受益者が死亡しても信託契約を終了せず、当初の受益者である「第一

図31　受託者の移動

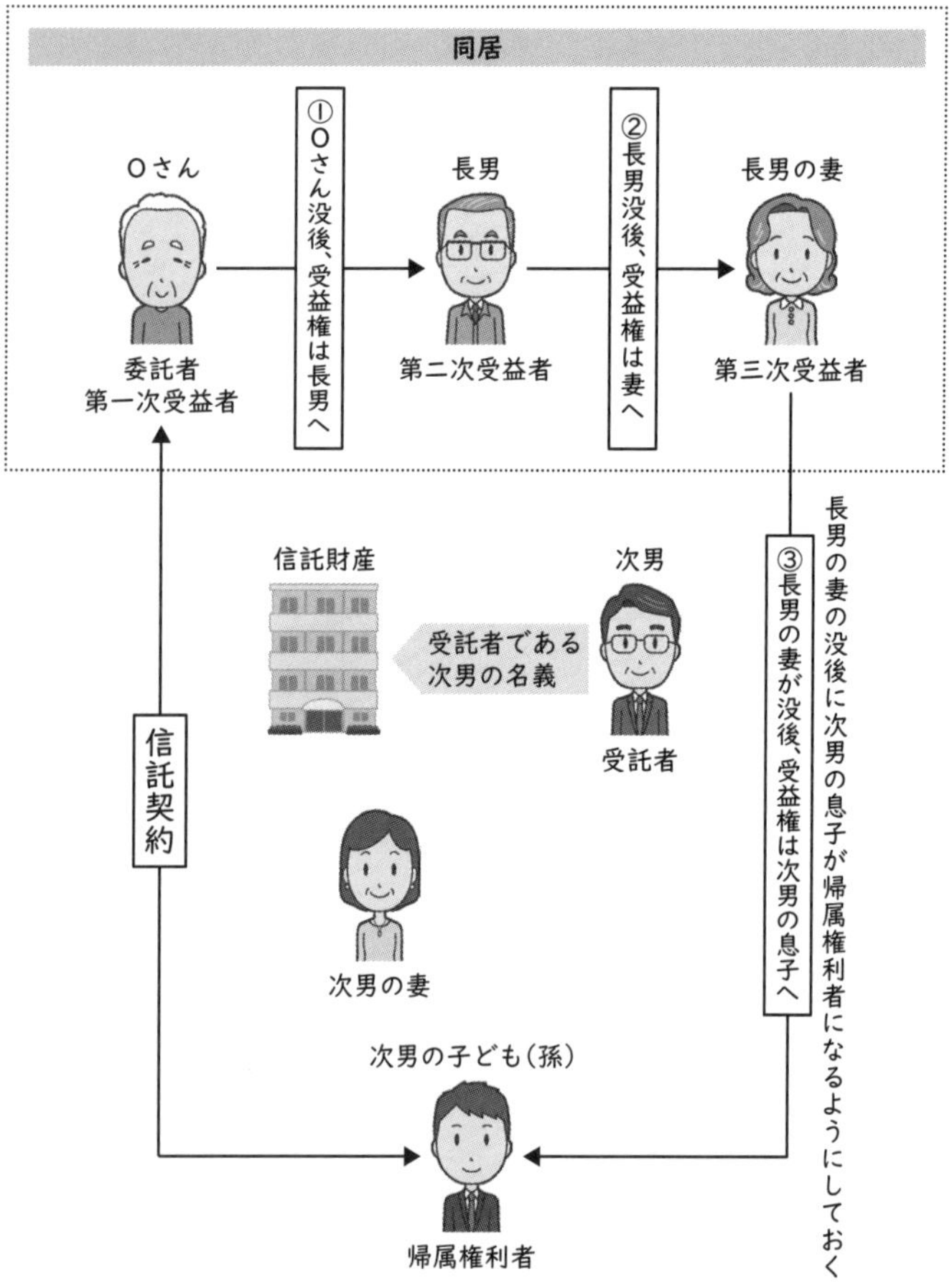
同居
Oさん
委託者
第一次受益者
①Oさん没後、受益権は長男へ
長男
第二次受益者
②長男没後、受益権は妻へ
長男の妻
第三次受益者
信託財産
受託者である
次男の名義
次男
受託者
信託契約
次男の妻
③長男の妻が没後、受益権は次男の息子へ
長男の妻の没後に次男の息子が帰属権利者になるようにしておく
次男の子ども(孫)
帰属権利者

次受益者」が亡くなった後の次の受益者を定め、財産を承継していくことを**「受益者連続型信託」**といいます。

ちなみに、**遺言では一代限りの指定**のため、この事例でいえばＯさんから長男への相続の指定はできても、長男または長男の妻から孫への指定はできません。

期間を決めることもできる

家族信託では、**「信託期間」を決めることもできます**。例えば「受託者が死亡するまで」、あるいは「受益者が満○歳に到達する日まで」というように自由に設定できます。

ただし、**期間には一定の制限**があり、受益者連続型信託の場合に信託設定後30年を経過した後は、受益権の承継は一度しか認められません。

やや複雑なのですが、例えば、第一次受益者が委託者である父、第二次受益者が子、第三次受益者が孫だとします。父が信託開始から30年以内に亡くなり、財産が子に承継されたとき、その子が信託開始から30年以上生存した場合、子が亡くなった後は第三次受益者である孫に財産を承継することができます。

しかし、もし第四次受益者としてひ孫を設定していたとしても、第三次受益者である孫が亡くなった時点で信託は終了することになります。

一方、もし委託者である父が30年以上生きた場合は、信託財産は子に承継されるのみで、孫へは承継されません。子が亡くなった時点で信託は終了します（図32）。

いずれにせよ、信託終了時に財産を誰に帰属させるかについても、家族信託契約で定めておく必要があります。

図32　家族信託の期間

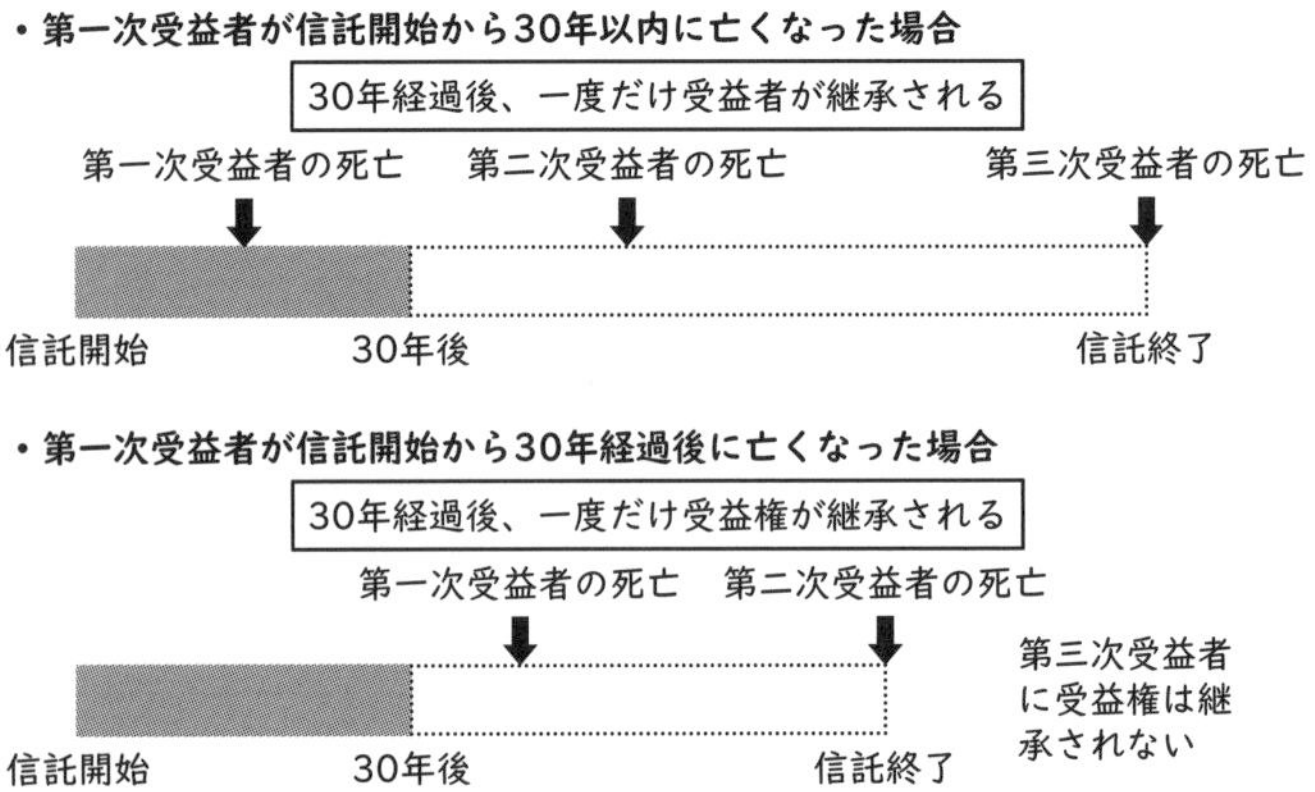

家族信託と遺言

遺言書の代わりになる

事例

Ｐさんは賃貸アパートを持っています。高齢となり管理が負担になってきたため、家族信託で管理を娘さんに任せることにしました。Ｐさんには息子さんもいますが、息子さんは事業に成功していてお金に不自由はしていません。相続が発生したとき、息子さんへの相続は遺留分だけにして、ほかはすべて娘さんに渡したいと考えています。

しかし、遺言だけでは自分が生きている間のアパート管理を任せることができません。何かいい方法はないでしょうか。

先ほど受益者連続型信託についてお話ししましたが、よりシンプルな手法として、**委託者が亡くなった時点で契約を終了させ、財産の承継者を指定することもできます**。

これを利用すれば、遺言とまったく同じ効果をもたらすことができます。

「私（父）が所有する賃貸アパートは、あなた（娘）が管理し、私が死亡した際には、あなたにアパートを譲る」

このような家族信託を**「遺言代用信託」**と呼びます。遺言代用信託を設定しておけば、遺言は必要なくなります。簡単とはいえない遺言書作成の手間を省けるのは便利です。ちなみに、この場合でも法定相続人が自分の遺留分を侵害されているときは、遺留分侵害額請求をすることができます。

遺言と家族信託が矛盾したときは？

先述したように、家族信託契約では、一部の財産のみを信託財産にすることもできます。財産の一部の管理を受託者に任せて、亡くなった際に**その残余財産を誰が受け取るかは信託契約で定めておき、信託財産以外の財産をどう引き継ぐかについては、**

別途遺言で指定するという合わせ技も可能です。

ただ、その遺言が正確に家族信託以外の財産についての内容であればいいのですが、遺言と家族信託が矛盾している場合もあります。例えば、遺言書には「自宅は配偶者に相続させる」と書かれているのに、信託契約書を見ると「自宅は息子に譲る」となっているケースです。これには２つのパターンが考えられます。

１つ目が、遺言書が作られた後に、家族信託契約が結ばれるパターンです。

第４章でも触れた通り、遺言書は書き直しが自由で、前後の遺言の内容に矛盾する箇所があれば、前の遺言中の抵触する部分は撤回されたとみなされます。そのため、遺言と矛盾する内容の家族信託契約が後で結ばれたときは、その箇所は遺言が撤回されたとみなされ、家族信託契約は有効に成立します。つまり、家族信託が優先されるというわけです。

２つ目は、家族信託契約が結ばれた後に遺言書が作られるパターンです。家族信託によって信託財産となった財産は、委託者の固有財産から独立して存在することになります。委託者は、自身のものではなくなった信託財産を誰に相続させるかを指定はできません。つまり、このパターンでも家族信託が遺言よりも優先されるのです。

家族信託の手続き

家族信託の手続きの流れ

家族信託の手続きは、次の4つの過程に整理することができます。

①話し合い
②契約の締結
③財産の名義変更
④専用口座の開設

まずは関係者で相談して、家族信託の目的を決めます。信託に関係する人だけでなく、家族全員で話し合うことが一番好ましいです。誰がどの財産をどのように管理するのか、信託が終了したときに残る財産は誰が引き継ぐのかなど、内容を細かく決めます。この際、司法書士などの専門職が内容の検討に加わることがほとんどです。

次に、**契約を締結**します。話し合いで合意した内容を契約書にまとめ、委託者と受諾者がそれに署名と押印をします。

この契約書の作成は、通常は専門職が行った上で、公証役場で公正証書にします。公正証書にすることは必須ではありませんが、契約の成立を公文書にすることで、勝手に契約を破棄されたり、書き換えられたりといったトラブルを防ぐことができます。

そして、委託者から受託者に**財産の名義を変更**します。その方法は財産によって異なりますが、不動産が含まれる場合には、通常は司法書士に依頼し、法務局に信託登記を申請して名義変更を行います。

最後に、**信託財産の専用口座を開設**します。信託財産である現金を入れておくための口座を作り、そこで金銭を管理します。

なお、家族信託を士業に依頼した場合、報酬額は信託財産の１％前後になるケースが多いです。また、公正証書にするときは公証役場に支払う手数料が必要となり、信託財産に不動産が含まれる場合には、司法書士報酬や法務局の登録免許税も別途かかります。

　遺言や成年後見と比べてどれが一番いいかは、ご家族の状況によって大きく変わるため、詳しい専門家に相談するのが安心だと思います。

抵当権の付いた不動産は、信託財産に組み込むことを金融機関に拒まれることがあるので注意じゃ。例えば、住宅ローンは購入した住宅の所有者を勝手に変えないことを条件として融資されている。そのため、多くの金融機関は信託契約により不動産の名義人が受託者に変わることを簡単には承諾してくれないのじゃよ。

家族信託と税金

贈与税・相続税が発生する場合もある

家族信託で財産を管理する際に、少しややこしくなるのが税金面です。このことについてもご説明しておきます。

信託財産から利益を受け取るのは受益者です。そのため税務上、財産の所有者は受益者だと判断されます。**贈与税や相続税は、この利益を受け取る権利「受益権」が移動する際に発生する**ことになります。

どういうことか、例を挙げて見てみましょう。

父が娘に賃貸アパートを信託して管理を任せ、賃貸アパートから得られた利益を父が受け取る家族信託を組んだとします。この場合、アパートの形式的な所有者（受託者）は娘になりますが、受益者は委託者である父のままです。受益権は誰にも移っていないので、贈与税は発生しません。

しかし、受益権を父ではなく娘が受け取る場合には、父から娘への贈与があったものと見なされ、娘に贈与税が課せられます。

また、父の生存中は父が受益者で、父が亡くなった際に残りの信託財産を娘が受け取る場合には、娘への相続があったとみなされ、娘に相続税が課せられます。

ほかの財産との損益通算ができない

家族信託と税金についての注意点としては、もう1つ、損益通算が挙げられます。

赤字の所得を黒字の所得から差し引いて所得税を控除することを「損益通算」といいます。赤字所得がある場合には助かる制度ですが、信託財産の損失を信託財産以外の所得と損益通算することはできません。

例えば、賃貸アパートを4つ持っていて、Ⅰ棟、Ⅱ棟、Ⅲ棟は200万円の黒字ですが、Ⅳ棟が100万円の赤字だとします。通常この場合では、Ⅰ、Ⅱ、Ⅲの不動産所得からⅣの損失を差し引き、２００万円×３－１００万円＝５００万円が所得税の課税対象になります。

ところが、このうちⅣを信託財産にすると、赤字を相殺できなくなります。Ⅰ、Ⅱ、Ⅲの合計所得６００万円がそのまま課税対象になってしまうわけです。

大規模な修繕の予定があるなど、マイナスが生じそうな不動産の信託を検討する際には、この点に注意してください。

事例　障害のある次男のために長男を受託者に

Ｑさんの次男には障害があります。Ｑさんは高齢になってきたので、自身が亡くなった後も次男が暮らしていけるように、所有している賃貸アパートを次男に譲りたいと考えています。しかし、障害を持つ次男に譲ったとしてもアパートやお金の管理ができそうにないため、どうすればいいか思案しています。

【アドバイス】

Qさんのもう一人の息子である長男を受託者、受益者を次男として、賃貸アパートを信託財産とする家族信託契約を、Qさんと長男で結びます。そうすると、長男にアパートの管理を任せ、そこで得られた賃貸アパートの収益により、次男の生活費や病気になった際の療養費などが生涯賄われ、次男の生活が守られます。

さらに、次男が亡くなった後は長男がアパートを受け取るとし、信託の残余財産の帰属先も定めておきます。こうすれば、障害のために次男が遺言書を作成できなくても、次男が亡くなった後の財産の行き先までQさんがコントロールできます。

事例 **ペットのための信託**

高齢のRさんは、もし飼い犬よりも先に自分が死ぬと、残された犬の飼育はどうなってしまうのかと心配しています。

【アドバイス】

最近よく問題になっているケースで、こうしたときに役立つのがペットのための信託です。ペットのための信託とは、信頼できる親族を受託者として一定の財産を託しておき、飼い主が亡くなったり急病を患ったりして、ペットを飼えなくなった際には、その財産から受託者が飼育費を支出できるようにして、ペットの面倒を見てもらう仕組みです。

契約内容は、例えば、委託者および当初の受益者をＲさん、ペットの飼育費の支出をする受託者を長女、Ｒさんが亡くなった後の第二次受益者を長女と次女、実際にペットの世話をする者を友人や動物愛護施設にします。信託財産は基本的にペットの飼育費に使われる現金となります。

事例　会社を長男に継がせたい

会社を経営するＳさんは、自社株を１００％保有しています。長男と長女の２人の子どものうち長男を後継者と考え、Ｓさんは認知症になって会社の事業承継ができなくならないように、早めに長男に自社株を譲りたいと考えています。しかし、長男はまだ経験が浅いため、経営権はＳさんがしばらく持ち続けたいと希望しています。

【アドバイス】

委託者および受益者（委託者＝受益者）をSさん、受託者を長男として、全株式及び事業継続に必要な不動産や預貯金を信託財産とする家族信託を設定する方法が使えます。

受託者を長男にすると自社株の議決権は移りますが、指図権者にSさんを設定しておけば、長男は議決権行使の際にSさんの指図に従うことになります。

そうすれば、Sさんは引き続き会社の議決権を実質的に行使できます。将来、Sさんの判断能力が低下したときに指図権を消滅させるようにしておけば、長男が滞りなく事業を引き継ぐことができるので安心です。

また、委託者と受益者は同一人物であるSさんに設定するため、長男に生前贈与をする場合と違って、贈与税がかからないのも大きなメリットです。

高齢者の相続をサポートする“3本の柱”どれを選ぶ？

“3本の柱”の選び方

ここまで、相続と生前対策に役立つ大事な手法として、遺言、成年後見制度、家族信託についてお話ししてきました。どれがベストかは、人それぞれです。一概にはいえません。

そのことを強調した上で、それぞれの比較を考えてみます。自分たちのケースではどれを選ぶべきなのでしょうか。

相続に大きく関わってくるのは、やはり認知症です。認知症になると、自由な財産管理ができなくなります。

親の面倒を見なければいけないとき、**すでに認知症が進行してしまっているのであ**

れば、3本柱のうちの選択肢は成年後見制度のみの一択となります。

もちろん、必ず後見人をつけなければならないわけではないので、自分で親の面倒を見られないときなどに検討する必要があります。なお、認知症でも例外的に遺言ができることはありますが、それをあてにするのは難しいでしょう。また、家族信託は認知症になってからでは契約を結ぶことができません。

次に、親が亡くなるまでの間、自分たちで財産管理をしたいかどうかです。もし**亡くなった後の財産をどう分けるかを考えるだけでいいなら、遺言で十分**です。仮に遺言書を書いた後に認知症になっても、事前に親が希望した通りの相続を実現できます。

しかし、まだ親が元気なうちに、認知症になってしまうリスクに備え、前もって財産管理をスタートしたいのであれば、これは家族信託です。なお、成年後見制度のうち任意後見でも生前中の財産管理の内容を決めておくことはできますが、資産運用といった積極的な財産管理はできません。

一方、家族信託ならこれが可能です。信託契約に資産運用についての内容を盛り込んでおけば、受託者はその通りに運用することができます。

例えば、本人が持っている株式の価格が下落しそうなときは、その株式を売り、ほかの株式を買うなどの自由な運用が認められています。

そもそも家族信託が近年注目されている理由は、財産管理に制限がある成年後見制度や子どもからはすすめにくい遺言など、従来の制度が利用しづらい部分をカバーできる点にあるため、より柔軟で円滑な資産管理や資産承継に適しているのは当然といえるかもしれません（図33）。

遺言書や成年後見制度と比較した家族信託のデメリットといえば、初期費用が高いことです。

しかし、成年後見制度も、その後見期間が長くなると結局コストは高くなります。また、法定後見の場合は、必ずしも家庭裁判所で親族が後見人に選ばれるとは限りません。

士業が後見人になると報酬の支払いが毎年発生しますし、任意後見で親族を後見人にしても、やはり後見監督人の報酬を支払う必要があります。これが相続開始まで続くわけです。

遺言書は、被相続人が亡くなった後の財産の配分を決めるだけなら十分ですが、親の老後の面倒を見るために子が財産管理をすることはできません。

これらの点から、**親の生前に柔軟な財産管理をする必要がある場合は、家族信託が好ましい**といえます。

もちろん、実際には相続人となる兄弟間の考え方の違いや士業に依頼するコストなど、どの手法がベストの選択肢なのか考慮しなければいけないことはたくさ

図33　どの制度を使うか

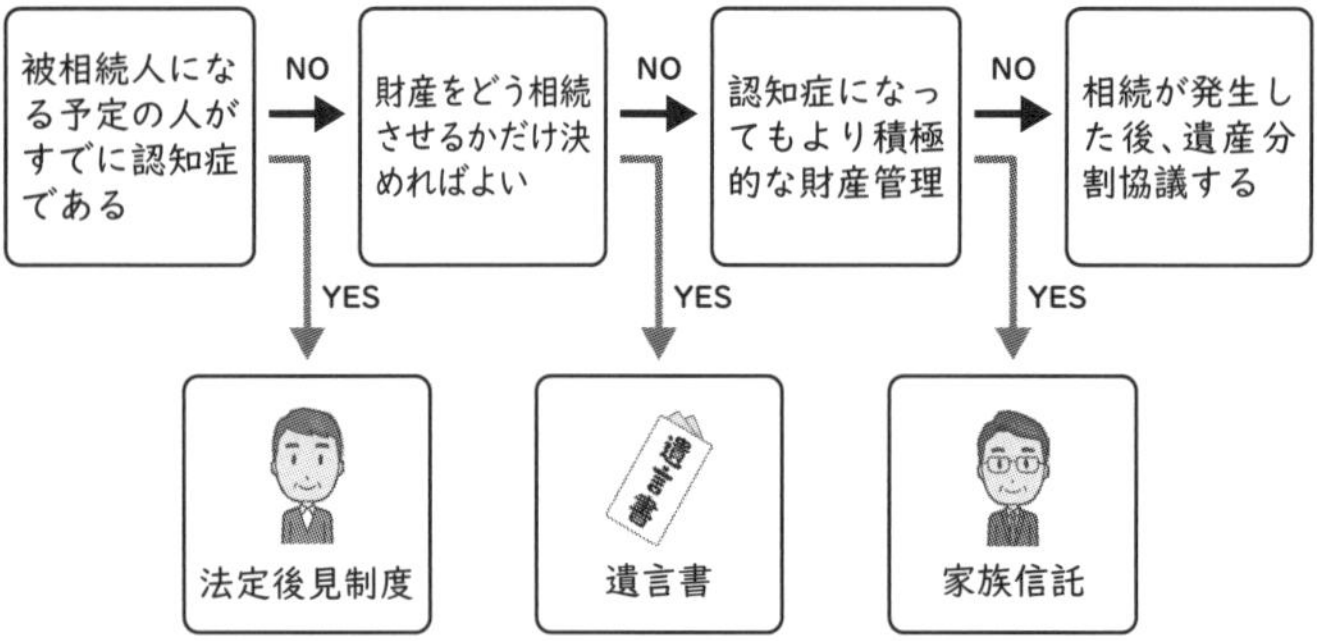

んあると思います。

だからこそ、早めに検討を始めましょう。こうした様々な法的手法を有効活用できるかどうかで結果が大きく変わってくるため、詳しい専門家に相談されることをおすすめします。

コラム
+1

若者の不動産に対する価値観の変化

不動産流通を今後大きく左右しそうなのが、若者の不動産に対する価値観です。

現在の若者は、モノを買うよりも、シェアやレンタル、定額のサブスクリプションの活用を好むという話はよく耳にします。

この志向の変化は、家に関しても同様かもしれません。若い世代が10年後や20年後、不動産を購入するような年齢になったとき、不動産に対してどういった価値観を持っているかは興味深いところです。

一方で、中古住宅を購入し、大規模な改修を行う「リノベーション」が若い夫婦の間で人気です。その理由は、古いけれども立地の良いマンションなどを購入して自分好みの家に作り替えることで、費用は抑えて満足度の高い持ち家を手に入れることができるからです。

若者たちが将来、やはり持ち家が欲しいと思うのか、あるいは賃貸がいいと思うのか。不動産に対する若い世代の価値観によって、将来の不動産流通が大きく変わっていく可能性があるのです。

第7章

相続が起きても慌てないために

早めの相談が何より大事

「家族信託」を入口に話し合いを

相続でもめないために**最も大事なのは、家族での話し合い**です。遺産を持つ人が元気なうちに、家族会議でみんなが納得できる分け方を決めておく。それができれば、相続が発生した際に、遺産分割協議でもめるような事態にはならないものです。

ただ、特に日本人は死に関連する話を忌み嫌う傾向があります。将来の相続について話し合いたいと思っても、なかなか切り出しづらいという人も多いでしょう。

そんな場合には、**家族信託をきっかけとして会話を始めるのもおすすめ**です。「家族信託は元気なうちにしか設定できないから」と、子どもの方から親に持ちかけてみてはどうでしょうか。

そうして、今後の財産管理について考えてもらう中で、必要であれば遺産の引き継ぎ方を決めてもらう。つまり、遺言代用信託を考えてもらいましょう。遺言のように死を直接意識することなく、将来の財産管理の一環として、最終的な財産の引き継ぎ方を考えられるので、両者ともに気持ちが楽だと思います。

話し合いの結果、もし家族信託までは必要ないという結論になれば、そこから遺言書の作成を促すこともできます。家族信託の話から入れば、遺言についても幾分話しやすいのではないでしょうか。

遺言書を作る場合は、本人に任せっきりにはしないようにできると好ましいです。子どもたちがもめないようにするには、財産をどう分けたらいいか、遺言書を書く方は気が重いかもしれません。

そこで、まずは兄弟で話し合って大まかに取り分を決めてから、その希望を親に伝え、できれば財産を整理してリストにするところまで手伝うといいと思います。理想としては、法定相続人がほかにもいないかどうかを確認するため、**戸籍の収集までしておくと、いざ相続が発生したときも安心**です。

必要書類がどこにあるのか共有しておく

実際に相続が発生すると、その手続きに必要なものは意外とたくさんあります。預貯金の通帳や証券、保険証書など財産に関する書類も様々で、それら一つひとつを被相続人の家から探し出すのは大変です。

そのため、急に亡くなっても困らないように、**相続に関する書類がどこにあるのか、前もって聞いておく**ようにしましょう。ご家庭によってそれぞれ事情はあると思いますが、これを聞いておかないと、実際に相続が起きたときに困ってしまいます。

特に不動産がある場合は、事前に**固定資産税納税通知書など**を確認し、親が所有している土地や建物の情報を正確に把握できると好ましいです。それらが本人のものであることを証明する書類である**「権利証」**は相続のときには原則不要ですが、念のため、どこに保管しているのかも教えてもらいましょう。

いざというときに慌てないために

身内が亡くなったらまずやること

相続の手続きは相続放棄や相続税の申告など期限付きのものが多いので、身内が亡くなったら、相続人はなるべく早く取りかかる必要があります（図34）。

まず、遺言書の有無の確認から始めましょう。次に、**法定相続人の確定**が必要です。そのために、被相続人の出生から死亡までの戸籍を集めることになります。相続人が誰かなんてわかっていると思われるかもしれませんが、戸籍なしではそれを公に証明することができません。また、遺言書で一部の相続人のみが財産を引き継ぐ場合でも、法定相続人には遺留分があるため、きちんと戸籍で確認しておく方が安心でしょう。

また、自筆証書遺言の場合は家庭裁判所で検認を受ける必要があります。そのため、誰が法定相続人になるのかを戸籍を提出して証明しなければなりません。公正証書遺

図34　相続に関するスケジュールと期限

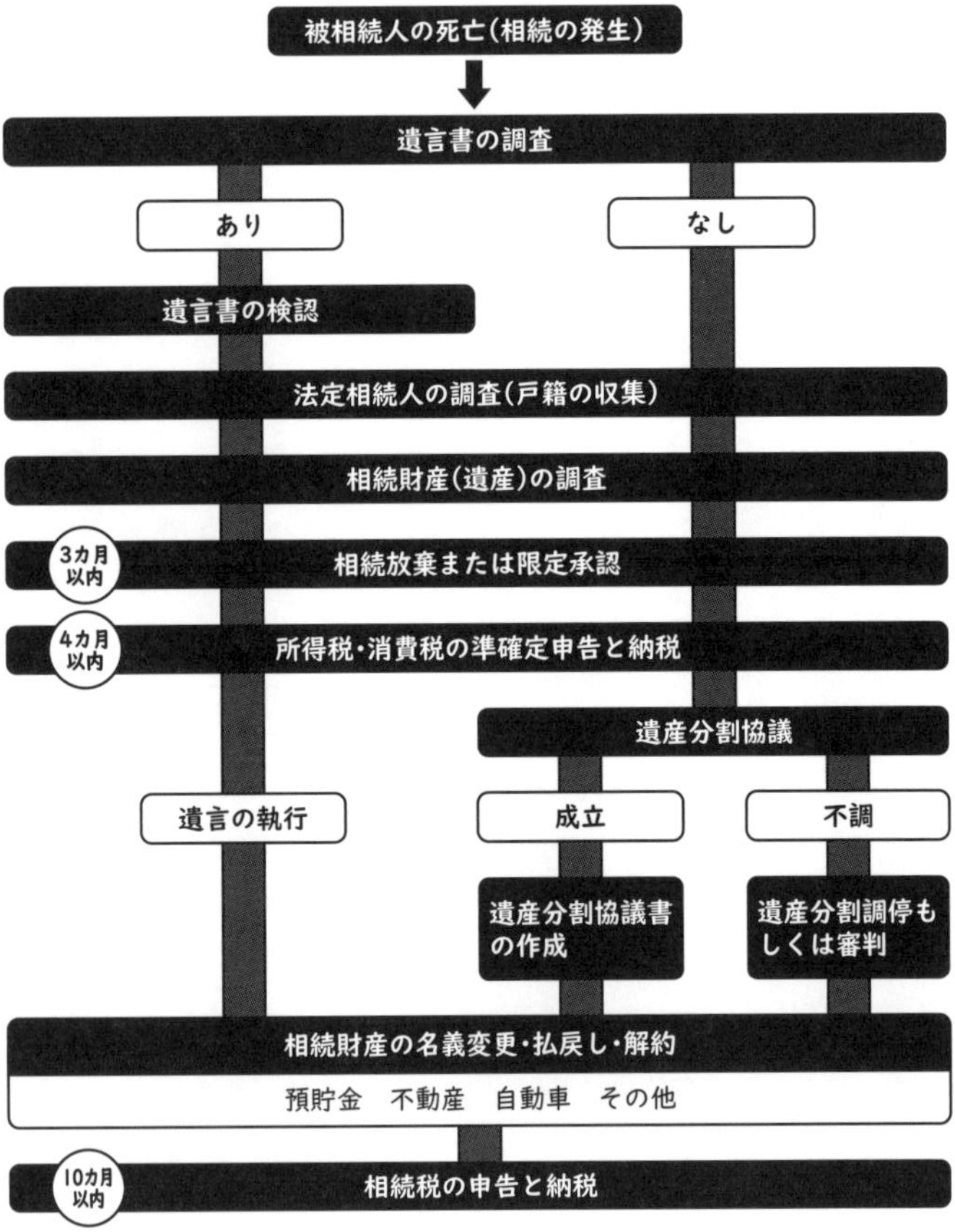
被相続人の死亡（相続の発生）
遺言書の調査
あり
なし
遺言書の検認
法定相続人の調査（戸籍の収集）
相続財産（遺産）の調査
3カ月以内
相続放棄または限定承認
4カ月以内
所得税・消費税の準確定申告と納税
遺産分割協議
遺言の執行
成立
不調
遺産分割協議書の作成
遺産分割調停もしくは審判
相続財産の名義変更・払戻し・解約
預貯金　不動産　自動車　その他
10カ月以内
相続税の申告と納税

言の場合には検認は不要ですが、相続税申告が必要な場合は、法定相続人の人数から相続税を計算するため、やはり法定相続人の確定が必要になります。

遺産をどう分けるかを決めるためには、**被相続人の財産を知らなければいけません**。故人の自宅で現金や証券、車、貴金属などの財産を探します。預貯金は、金融機関に残高がいくらあるのかを確認します。加えて、借金をしていなかったかなどマイナス財産についても調べます。こうしたプロセスを経て、遺言があれば、それにしたがって相続手続きを進めます。遺言がなければ、遺産分割協議へと進むことになります。

今後、マイナンバーと銀行口座が紐づけられていくと予想されている。将来的には、相続人が把握できていなかった銀行口座や生命保険契約を、マイナンバーのデータベースで探し出せるようになるかもしれんぞ。

相続手続きのタイムリミット

相続に関わる主な公的手続きには、期限があります。ここで整理しておきましょう。

①3カ月以内

・相続放棄：相続放棄をする場合は、相続人の各々が家庭裁判所に申し出をします

・限定承認：限定承認を行う場合は、相続人の全員が家庭裁判所に申し出をします

②4カ月以内

・準確定申告：被相続人が亡くなった年の1月1日から死亡日までの所得税・消費税を申告します。準確定申告書を作成して税務署に提出し、納税も行います。基本的には、生前に確定申告をしていた場合に対象になります

③10カ月以内

・相続税の申告：相続税の申告が必要な場合は、申告書を作成して税務署に提出し、納税も行います

借金はなるべく人に隠したいものじゃ。自宅には関係書類を置かず、亡くなった後もしばらくは明るみに出ない場合もある。相続人が借金の存在に気づかないまま時間が経ち、相続放棄の期限である3カ月を過ぎてから、その存在を知る。そんなこともあるかもしれない。

相続発生時から3カ月を超えていても、借金の存在を知ってから3カ月以内であれば、家庭裁判所への申し出により相続放棄が認められる可能性もある。しかし、すでに相続した財産を使っているだろうから、裁判所の判断次第じゃな。

遺産分割協議のやり直し

相続人全員の同意が条件

誰がどう財産を引き継ぐのか、遺産分割協議でスムーズに決まればいいですが、残念ながらもめるケースも多く見られます。やはり、お金に関することです。簡単に納得できない場合もあるのでしょう。

一旦は納得したものの、遺産分割協議が確定した後に「やはり、納得できない」と思うこともあるかもしれません。それではすでに手遅れなのでしょうか。

結論として、**遺産分割協議のやり直し自体は認められます**。相続人全員が同意すれば、改めて遺産分割協議をすることができます。

また、遺産分割協議そのものが無効な場合もやり直しができます。例えば、「これで財産は全部だからお前の相続分はこれだけだよ」と言われて署名したけれども、実際にはもっと多額の財産があることが判明したケースなどです。

ほかにも、相続人の１人が遺産分割協議に同意していないのにほかの相続人が勝手に押印した場合や、判断能力がない相続人がいるのに成年後見人をつけずに同意させてしまった場合、愛人の子で認知されている者がいたなど遺産分割協議に参加していない相続人の存在が明らかになった場合など、様々なケースが考えられます。

税務的には新たな契約とみなされる

一度目の遺産分割協議が無効だった場合にやり直しをするときは問題ありませんが、相続人全員で遺産分割協議を合意解除する場合には大きな問題が起こります。それは、**新たに税金が発生してしまう**ということです。

遺産分割協議をやり直しても、相続それ自体としては問題は生じません。しかし、税務上は新たな取引がされたと見なされるため、財産の移転があれば無償の場合は贈与、有償の場合は譲渡として、課税の対象になってしまうわけです。
例えば、最初の遺産分割協議で自宅を相続した人が、もう一度協議をやり直して、ほかの相続人に自宅を無償で渡したとします。一度目の遺産分割協議で当然相続税を払っているわけですが、二度目の遺産分割協議では新たに贈与税が発生します。

やり直しがなければ払わなくてすんだ税金ですが、こればかりは税務署の処分なので避けられません。後から遺産分割協議はやり直せるなどと簡単には考えず、相続人みんなが納得するまでよく話し合い、**一度目の遺産分割協議で確定できるように慎重に進めましょう**。

専門家との付き合い方

相続登記の相談は司法書士へ

相続で困ったときに役立つのが専門家です。

ただ、相続に詳しい専門家といっても、弁護士や司法書士、行政書士に税理士など様々な士業があります。どんな人に頼めばいいのか、迷ってしまう人もいるでしょう。

まず、どの専門家に相談すればいいかは、相談内容により異なります。遺産分割協議がまとまらず、裁判が必要な場合には弁護士がよいでしょう。また、遺産に不動産が含まれていれば相続登記が必要になるため、司法書士の出番となります。**不動産を相続した場合は、登記の専門家である司法書士に相談すると便利**です。相続人の調査や相続登記による名義変更、遺産分割協議書の作成や預貯金の引継ぎといった様々な相続手続きについても、ご要望に合わせてワンストップで代理してもらえます。

こうした法律関係の手続き以外では、相続税に関する相談なら税理士、資産運用や生活設計の事前相談ならファイナンシャルプランナーが対応してくれます。

また、相続した土地の境界確定や分筆が必要なら土地家屋調査士、遺産分割協議の際に不動産の適正価格を算出したいなら不動産鑑定士に相談しましょう。

相続に詳しい専門家に相談しよう

どの専門家に相談する場合でもいえることなのですが、相続について相談するときは、ぜひ相続に詳しい専門家を選ぶようにしてください。

例えば、司法書士の業務は、不動産の売買や贈与などの「不動産登記」や、会社の設立や役員変更などの「商業登記」、簡易裁判所の民事訴訟手続きなどの「裁判業務」など多岐にわたります。そのため、**人によって得意分野と不得意分野があり、すべての司法書士が相続に関わる業務に精通しているわけではない**のです。

そのため、司法書士に相続を依頼するなら、相続に詳しい司法書士が一番です。相続手続きや、遺言・成年後見・家族信託といった生前対策に力を入れ、そうした業務を積極的に取り扱っている司法書士を探してみましょう。

話しやすい相手であることが大事

相談は「人対人」。ましてや、相続は大事な財産に関わることです。しっかり仕事をしてくれることは第一条件ですが、**「この人に相談したい」と納得できる相手に相談**すべきです。

どのように生前対策を講じて、実際にどう相続するのか。望む相続の姿は、ご家庭によって異なります。理想の相続は、まさにオーダーメイドなのです。そのため、相続全般に詳しく、相続人の立場になって一緒に考えて、満足のいく答えを導いてくれる専門家に相談するのがベストです。

それに何より、話しやすい相手であることは大事です。相続手続きには、数カ月から、長ければ1年以上の期間を要するケースもあります。一度相談してみて、もし違和感があれば別の専門家に相談するなど、相続の専門家選びでは自分の感覚を大切にするのもいいでしょう。

安心して伴走を頼める専門家を探して、悔いのない相続を実現してください。

コラム +1

老人向け住宅ローンの誕生

少子高齢化に伴い、高齢者の一人暮らしが増えてきています。配偶者はすでに他界。子どもも巣立ち、住んでいた家は大きくて暮らしづらい。駅に近い手ごろなサイズのマンションに住み替えたい。こうしたニーズは多くなっています。

近年のそうした流れに合わせて、50歳代や60歳代の方に向けた様々な種類の住宅ローン商品が続々と出てきています。このローンを活用すれば、資金が足りなくても新たな家の購入が容易になります。また、現在住んでいる家を老後でも暮らしやすいようにバリアフリーにしたり、サービス付き高齢者向け住宅の入居一時金として使ったりすることもできます。

従来の住宅ローンは完済時の年齢制限があり、70歳から80歳までを目途に完済になるように返済計画が立てられていました。そのため、高齢になってから住宅ローンを組むことは難しく、家を引っ越したいけれど十分な資金がない場合には、賃貸住宅を選択するしかありませんでした。そうした高齢者の住宅にまつわる厳しい状況が、新たな住宅ローンの誕生により、変わりつつあるのです。

おわりに

相続対策は、理想としては、被相続人が健康であるうちに、いかに周到に準備をしておくかというひと言につきます。

民法や税制などの法規制の改正や高齢化による社会の変容により、相続をめぐる状況は時代とともに変化し続けております。本書でとりあげた家族信託も、数年前までは一般的にあまり知られていませんでした。相続に関しては、これまで当たり前であったことが、そうではなくなる局面も往々にして出てきます。そのような環境だからこそ、相続は早めの準備をしておくことが何よりも重要なのです。

また、早めの準備によって、最も回避したいのがトラブルです。被相続人の残した遺言書の内容や手続きが不十分だったために、裁判でその有効性を争うといった紛争はしばしば起こります。被相続人としては遺言書をきちんと残したつもりでも、結局は準備不足によって紛争が起きてしまうのです。

相続争いとなってから各専門家へ相談すると、時間と費用がかかるのは当然のことです。また、家族間や親族間でのトラブルでは、精神的なしこりを残すことも大きな代償です。相続の準備に周到な時間と費用をかける方が、よっぽど安くて効率的なのです。ましてや、大切な家族や親族間の紛争予防にもなります。

さらには、準備不足が災いして「知らない」ということで、「損」（余計な税金の支払いや不公平な相続など）につながってしまうことも相続の特徴です。こうしたことも、周到な準備によって回避することが可能なのです。

相続の準備をするということが、いかに多くのメリットがあるのか、おわかりいただけたかと思います。本書が、「転ばぬ先の杖」として早めの準備に取り掛かるきっかけとなり、ご愛読いただいた方々の相続のお守り本となればと願うばかりでありま す。そして、「浅い川でも深く渡れ」というように、相続は油断せず、慎重かつ十分な準備が必要ということも、本書を通じてご理解頂ければと思います。

令和三年四月

金子嘉徳
平野克典

金子 嘉徳（かねこ・よしのり）

株式会社フロンティアグループ代表取締役
1974年生まれ。東京理科大学工学部中退。米国ミズーリ大学コロンビア校卒業。同大在学中に北京大学へ交換留学。帰国後、日系商社及び外資系企業勤務を経て、当時東証一部上場の金融グループ企業に転職し、在職中32 歳の最年少で取締役に就任。在職中、中央大学大学院国際会計研究科（MBAコース）を首席卒業。2008年、株式会社フロンティアグループを設立し、代表取締役に就任。不動産事業を中心に、M&A、人材紹介など多様なビジネスを展開。株式会社フロンティアグループでは定年退職制度を廃止して、生涯現役社会づくりを推進中。
株式会社フロンティアグループ　http://www.frogro.co.jp

平野 克典（ひらの・かつのり）

司法書士 平野克典事務所所長
1974年生まれ。司法書士。早稲田大学政治経済学部経済学科卒業。米国ミズーリ大学コロンビア校留学。トヨタ自動車株式会社、埼玉県庁を経て、司法書士平野克典事務所を開業。県庁在職中は、独立行政法人日本貿易振興機構（ジェトロ）に出向し、主に海外企業誘致に従事。現在、東京司法書士会三多摩支会家事事件対策部次長。
司法書士 平野克典事務所　https://www.katsu-hirano-office.com

相続のお守り

2021年 4 月20日　初版発行

著　者　金子嘉徳・平野克典
発行者　野村直克
発行所　総合法令出版株式会社
〒103-0001 東京都中央区日本橋小伝馬町 15-18
EDGE 小伝馬町ビル 9 階
電話　03-5623-5121
印刷・製本　中央精版印刷株式会社

落丁・乱丁本はお取替えいたします。

ISBN 978-4-86280-796-0
総合法令出版ホームページ　http://www.horei.com/